AI와 딥페이크 음란물

인공지능총서

인공지능 시대입니다. 기계가 인간의 인지를 대신하고, 사물이 인간을 통하지 않고 다른 사물과 직접 커뮤니케이션합니다. 이에 따른 인간 삶과 문명 변화를 정확히 이해·예측·대응하는 것은 이 시대 우리 모두의 과제입니다. 인공지능총서는 인공지능 기술과 환경의 여러 주제를 10가지 키워드로 정리합니다. 관련 개념과 이론, 학계와 산업계의 쟁점, 우리 일상의 변화를 다룹니다. 인간과 기술의 현재, 미래를 세심히 분석합니다.

일러두기

- 인명, 작품명, 저서명, 개념어 등은 한글과 함께 괄호 안에 해당 국가의 원어를 병기했습니다.
- 외래어 표기는 현행 어문규정의 외래어표기법을 따랐습니다. 다만 '딥러닝', '딥마인드', '딥페이크' 등은 관행을 따랐습니다.

AI와 딥페이크 음란물

김민호

대한민국, 서울, 커뮤니케이션북스, 2024

AI와 딥페이크 음란물

지은이 김민호
펴낸이 박영률

초판 1쇄 펴낸날 2024년 10월 31일

커뮤니케이션북스(주)
출판 등록 2007년 8월 17일 제313-2007-000166호
02880 서울시 성북구 성북로 5-11
전화(02) 7474 001, 팩스(02) 736 5047
commbooks@commbooks.com
www.commbooks.com

ISBN 979-11-7307-101-0 03500

책값은 뒤표지에 표시되어 있습니다.

차례

AI와 딥페이크, 그리고 음란물

1943년 미국의 워런 맥컬럭(Warren Sturgis McCulloch)과 월터 피츠(Walter Harry Pitts Jr.)가 사람의 뇌처럼 작동하는 인공 신경망(MCP Neuron)을 이론적으로 증명한 후, 오늘날 인공지능(artificial intelligence) 기술은 무섭게 발전·확산되고 있다. 텍스트는 물론 이미지, 오디오, 비디오 등 다양한 데이터의 학습이 가능해진 AI는 더욱 입체적이고 포괄적인 표현을 생성하고, 더 정확한 예측을 구현하기 시작했다. 앞으로 AI는 인간의 생산성 향상을 위한 도구 수준을 넘어서서 인간을 대체할 수도 있다는 장밋빛 전망과 우려가 공존하고 있다.

『초지능(Super Intelligence)』의 저자인 철학자 닉 보스트롬(Nick Bostrom)은 인공지능이 도구(Tools), 신탁(Oracle), 지니(Genie), 주권(Sovereign) 단계로 발전할 것으로 예측했다. 종래 AI는 인간의 활동을 편리하게 도와주는 도구 정도의 역할을 했다면 오늘날 유행처럼 출시되는 생성형 AI(generative AI)는 인간의 질문에 답을 하는 수준까지 발전했다. 신에게 문제의 해답을 구하는 신탁에 비유되는 수준까지 AI 기술이 발전한 것이다. AI가 더 진화하면 마치 마법 램프의 지니처럼 AI가 스스로 문제를 찾아 해결할 수 있을 것으로 예측된다. 종국에는 인간의 주권이 AI에게 이양되는 끔찍한 단계까지 갈 수도 있다는 무서운 예측도 가능하다. 아무튼 오늘날 AI는 우리가 상상하는 것보다 더 급진적으로 발전하고 있음을 부인할 수 없다.

딥페이크(deepfake)란 딥러닝(deep learning)과 가짜(fake)의 합성어로, 인공지능을 기반으로 한 이미지 합성기술을 말한다. 딥페이크는 도구적 개념의 낮은 수준의 AI에서도 충분히 구현될 수 있는 기술이다. 그런데 오늘날 AI는 신탁을 넘어 지니의 수준까지 그 기술이 발전했다. 이로 인해 종래에는 전문가들만이 할 수 있었던 딥페이크 제작을 지금은 누구나 너무나 쉽게 활용할 수 있게 됐다. 심지어는 초등학생들까지 딥페이크 기술을 활용해 친구들 얼굴을 합성할 수 있을 정도로 대중화되었다. 얼마 전까지만 해도 전문적 지식이나 기술을 가진 사람이 많은 시간을 투입해야만 만들 수 있었던 딥페이크 사진이나 영상을 이제는 누구나 쉽고 빠르게 만들 수 있다는 것이다.

딥페이크를 쉽고 빠르게 만들 수 있다는 이른바 '용이

성'과 '신속성'보다 더 문제가 되는 것은 기술의 진보에 따라 진짜와 가짜를 구분하는 것이 사실상 불가능할 정도로 '정교성' 역시 갈수록 발전한다는 것이다.

물론 딥페이크를 부정적 시각으로만 보아서는 안 된다. 영화나 광고 제작에 활용할 수도 있고 교육적 목적으로 사용할 수도 있다. 실제 영화나 드라마에서 배우의 젊은 시절의 모습을 연출하기 위해 딥페이크 기술을 사용하기도 한다. 종래에는 컴퓨터 그래픽으로 피부 톤을 조정하는 방식을 이용했기에 시간과 비용이 많이 들었지만 요즘은 딥페이크 기술을 활용해 적은 비용으로 더 정교하게 배우의 유년 시절을 만들 수 있다.

하지만 이러한 순기능 못지않게 그 역기능도 매우 크다. 2022년 러시아와 전쟁을 겪고 있는 우크라이나의 볼로디미르 젤렌스키 대통령이 러시아에 항복을 선언하는 딥페이크 가짜 영상이 공개되어 많은 혼란을 야기하기도 했다. 이뿐만 아니라 딥페이크는 유명인 사칭 투자 사기, 기업 쇼핑몰 고객센터 사칭 사기, 가족 · 지인 및 기관 사칭 스미싱 등 각종 사기 범죄에 활용되기도 하고, 선거에서 상대방을 비방 · 음해하기 위한 수단으로 악용되기도 한다. 딥페이크의 부작용 중에서 가장 인격권 침해의 소지가 크고 피해 당사자에게 커다란 고통을 주는 것은 딥페이크 음란물 제작에 의한 침해일 것으로 생각된다.

AI 기술의 진보에 따라 누구나 쉽고 빠르게 딥페이크 기술을 사용할 수 있게 되고, 특히 사실과 구별하기 곤란할 정도로 정교하게 만들어지는 환경이 조성될수록 딥페이크 기술을 이용한 음란물의 제작 · 유통으로 누구나 피해자가 될 수도 있고 부지불식간에 가해자가 될 수도 있다. 실제로 지난 2023년, 부산의 한 중학교 학생들이 인공지능을 활용한 딥페이크 기술로 교사 두 명의 사진을 음란물과 합성해 친구들끼리 돌려 봤다. 학교 수련회에서 이 사실을 알게 된 다른 학생이 신고하면서 경찰이 조사에 나섰지만, 최초 유포자를 찾지 못해 지역 교권보호위원회에서 '가해자 없는 교권 침해' 판정으로 사건이 마무리됐다. 한 고등학교에서는 동급생의 얼굴을 불법으로 합성해 음란물을 만들어 판매한 혐의로 고등학생이 경찰 수사를 받았다.

딥페이크로 인한 성범죄 피해는 빠르게 늘어나고 있다. 방송통신심의위원회가 딥페이크 등 성적 허위 영상물을 차단하거나 삭제해 달라고 요구한 사례는 2020년 473건에서 2023년에는 7,187건으로 불과 3년 사이에 15배 증가했다. 딥페이크 음란물 사건의 두드러진 특징은

10대 범죄가 중심에 있다는 것이다. 2023년 영상물 유포로 수사를 받은 피의자가 120명이었는데 그중 10대 피의자가 91명으로 전체 피의자의 76%나 차지했다. 딥페이크 음란물을 제작하거나 유통하는 것이 범죄라는 사실을 인식하기보다는 또래 친구들끼리의 장난으로 생각하는 것은 아닌지 우려된다.

따라서 이러한 위험성에 대해 사회 구성원 모두가 관심을 가지고 AI를 이용한 딥페이크 음란물의 위험성과 이에 대응할 수 있는 법·제도적 수단들에 대해 알아보는 것도 의미가 있을 것이다.

01
AI와 딥페이크

생성형 AI 기술의 일종인 딥페이크는 인공지능 심층 학습을 뜻하는 '딥러닝'과 '가짜'를 뜻하는 '페이크'의 합성어이며, 딥페이크 기술이란 어느 한 매체 속에 등장하는 'A'라는 정보를 'B'라는 정보로 변경 또는 교체하는 스와프 기술을 말한다. 딥페이크 기술이 원래부터 내포하고 있던 순기능과 역기능이 AI 기술의 진보로 인해 특별히 달라질 것은 없지만, AI 기술이 고도화될수록 딥페이크 제작의 용이성, 정교성, 진위 구별 곤란성 등 딥페이크 제작 환경과 품질도 함께 진보한다는 점에 주목해야 한다.

딥페이크의 의미

생성형 AI 기술의 일종인 딥페이크(Deepfake)는 인공지능 심층 학습을 뜻하는 '딥러닝(deep learning)'과 '가짜'를 뜻하는 '페이크(fake)'의 합성어를 의미한다. AI 딥러닝 기술을 이용해 원본 사진이나 영상의 특정 부분을 다른 이미지로 대체 · 결합해 가짜 이미지나 영상을 만들어 내는 기술이다. 가장 흔히 사용되는 딥페이크 기술은 개인의 음성 데이터를 수집 · 분석해 생성해 내는 음성(voice) 정보와 특정인의 신체 데이터를 수집 · 분석하여 생성해 내는 이미지(image) 또는 영상(video) 정보가 있다. 이를 구현하기 위해서는 머신러닝 기술, 특히 딥러닝 알고리즘이 활용되며, 원하는 장면에 특정 이미지, 오디오 및 영상을 삽입해 만든다. 다시 말해서 딥페이크 기술이란 어느 한 매체 속에 등장하는 'A'라는 정보를 'B'라는 정보로 변경 또는 교체하는 스와프(swap) 기술을 말한다.

'딥페이크'의 의미를 법으로 정의한 우리나라 최초의 법률은 '공직선거법'이다. '공직선거법'은 딥페이크를 "인공지능 기술 등을 이용하여 만든 실제와 구분하기 어려운 가상의 음향, 이미지 또는 영상 등"으로 규정하고 있다. 그런데 이러한 법적 정의는 다소 어색하고 부정확한 측면이 있다. '공직선거법'은 '인공지능 기술을 이용한다는 것'과 '실제와 구분하기 어렵다는 것' 단 두 가지 요건만을 딥페이크로 정의하고 있다. 일단 '인공지능 기술'에 대한 명확한 설명이 없기 때문에 구체적으로 어떠한 기술을 의미하는지 파악하기 어렵다. 또한 제작 과정에서 서로 다른 정보를 결합, 교체, 가공, 재현, 품질 개선하는 등 이른바 딥페이크의 기본적 기술(技術)에 대한 설명이 없다는 점도 법 해석에 혼란을 줄 수 있다. 왜냐하면 '실제와 구분할 수 있다' 해서 딥페이크가 아니라고 단정할 수 없기 때문이다. 또한 고도의 인공지능 기술이 아닌 간단한 컴퓨팅 기술을 활용해 'A'라는 정보를 'B'라는 정보로 변경 또는 교체하는 스와프 기술을 구현하면 공직선거법상 딥페이크가 아니라고 해석될 여지가 있다. 우리나라 국회에서 딥페이크에 대한 명확한 기술적 이해 없이 너무 성급하게 입법을 시도한 것으로 보인다. 이렇게 어설프게 정의된 법적 정의가 다른 법률을 제·개정할 때 그대로 활용될까 우려된다.

AI와 딥페이크

딥페이크 기술이 원래부터 내포하고 있던 순기능과 역기능이 AI 기술의 진보로 인해 특별히 달라질 것은 없다.

하지만 AI 기술이 고도화될수록 딥페이크 제작의 용이성, 정교성, 진위 구별 곤란성 등 딥페이크 제작 환경과 품질도 함께 진보한다는 점에 주목해야 한다.

딥페이크 기술이 처음 소개될 때만 해도 이러한 기술을 활용해 딥페이크 사진이나 영상을 제작할 수 있는 사람은 전문적 지식이 있는 소수에 불과했고, 하나의 사진이나 영상을 만드는 데 상당한 시간과 노력이 필요했다. 이렇게 만들어진 사진이나 영상도 품질이 조악해서 누구나 쉽게 진짜와 가짜를 구분할 수 있었다. 하지만 딥페이크 기술은 하루가 다르게 발전해서 요즘은 전문 지식이 없는 사람도 자신의 스마트폰으로 쉽게 딥페이크를 제작할 수 있게 됐다. 그뿐만 아니라 일반인이 만든 딥페이크 사진이나 영상도 진짜와 가짜를 구분하기 어려울 정도로 정교해졌다. 앱스토어에 딥페이크 앱을 검색하면 무료로 쓸 수 있는 앱이 헤아릴 수 없을 정도로 많다. 아예 카메라 앱에 딥페이크 기술을 탑재한 것도 있고, 상대방과 통화 중에 자신의 얼굴을 딥페이크 기술로 바꿀 수 있는 앱도 쉽게 구할 수 있다.

수많은 무료 앱을 이용해 호기심으로 자신 또는 지인들의 사진이나 영상을 딥페이크로 만드는 것이 문제가 될 거라고 심각하게 생각하는 사람이 많지는 않을 것이다. 그런데 앱을 이용해서 딥페이크를 만들기 위해서는 자신 또는 지인들의 사진이나 영상을 앱에 올려야 한다. 자신의 사진이나 영상이 자신도 모르는 사이 AI의 학습에 사용되고 있다는 사실을 알지 못하는 경우가 대부분이다. 전혀 알지도 못한 사이에 자신의 사진과 영상이 딥페이크 제작 앱에 올려져 AI 학습에 이용된다는 것이 결코 유쾌한 일은 아니다.

AI 기술이 진보할수록 사용자나 이용자가 자신의 정보를 스스로 통제하는 것이 어려워질 수 있다. 그만큼 처음부터 주의를 해야 하는데, 청소년들은 이러한 생각보다는 호기심으로 또는 친구들이 사용하니까 커다란 고민 없이 쉽게 앱을 이용해서 자신이나 지인들의 딥페이크를 만들고 배포할 우려가 있다. 이러한 행동이 어떠한 부메랑이 되어 돌아올지 미처 생각하지 못하는 것이다.

딥페이크 기술이 원래부터 가지고 있던 역기능이 AI의 발전으로 인해 너무나 광범위하게 확산될 우려가 있다. 누구나 인격권, 재산권 등 권리 침해의 피해자가 될 수도 있고 또한 가해자가 될 수도 있다. 대부분의 범죄는 처음부터 범죄를 범할 의도를 갖고 범죄를 범한다. 따라서 가해자는 범죄자로서 사회적 비난을 받아도 마땅하다. 그런데 근래 청소년들 사이에 유행처럼 번지는 딥페이크 음란물 사건은 전혀 범죄의 목적이나 죄의식 없이 장난삼아 이루어지는 경우가 많다. 특히 연령이 낮을수록 이러한 특성이 강하다. 이들이 행한 행동으로 피해자는 회복할 수 없는 피해를 입을 수 있지만 이러한 행위를 행한 아이들을 다른 범죄자들처럼 강하게 비난하기도 어려운 경우가 많다.

02
딥페이크 사기와 명예훼손 등

AI 생성형 기술로 조작된 가짜 정보를 접한 대중은 해당 내용의 진위를 정확히 파악하지 못한 채 신뢰하게 되고 교묘하게 꾸며진 사기 행위의 피해자가 되기도 한다. 딥페이크 기술로 제작된 가짜 정보는 개인의 사회적 평판을 심각하게 손상시키고 그들의 명예를 훼손한다. 현행 법체계로도 사기죄, 명예훼손죄 등의 처벌이 가능하지만 딥페이크 기술로 교묘하게 조작된 정보로 피해를 입는 자를 완전히 구제하는 데는 한계가 있다. 기존 법 제도의 적극적인 해석이나 추가적인 보완책이 필요하다.

사기

"백문이 불여일견"이라는 표현처럼 사진과 같은 이미지는 현실을 담아내는 강력한 매체로서 정보를 전달하는 데 중요한 역할을 한다. 정보화 사회 이전에는 카메라로 촬영된 사진은 사실 그 자체로 해석되며 신문 기사 등에서 사실을 뒷받침하는 데 큰 역할을 했다. 만약 이러한 사진이 조작된 것이라면 상대방이나 일반 대중은 쉽게 오인되거나 현혹될 수 있다. 존재하지도 않는 특정 대상물이나 인물을 이미지나 영상 속에 삽입해 상대방을 믿도록 기만하여 각종 사기를 벌이는 일이 발생할 수 있음은 쉽게 짐작할 수 있다.

특히 1인 미디어가 활성화되면서 플랫폼을 활용한 수익 창출 방식도 다양해지고 있다. 예를 들면 유튜브의 슈퍼챗, 아프리카 TV의 별풍선과 같은 것들이다. 2023년 부산의 태풍 경보가 발생했을 당시 구독자 수와 방송 수익을 올리기 위한 목적으로 태풍 피해 영상을 조작한 유튜버가 재판에 넘겨지는 일이 있었다. 그는 과거에 발생했던 재난 영상을 마치 현재 벌어지고 있는 재난 상황인 것처럼 교묘히 편집한 영상을 실시간으로 방송했다. 이러한 영상은 이용자들을 기망하기 위한 목적으로 유튜브와 페이스북과 같은 미디어 플랫폼에 업로드된 것으로서, 콘텐츠의 내용은 이용자들의 이목을 끌기 위해 과장되고 심각한 상태로 만들어진다.

악마의 편집이라는 표현이 있다. 촬영된 영상을 편집하는 과정에서 사실을 왜곡하거나 시청자가 오해할 수 있도록 영상을 가공하는 것이다. 이를 위해 1980년대에 출시된 포토샵(Adobe Photoshop) 이미지 편집 프로그램이 흔히 사용되었다. 그러나 최근에는 자동으로 사진을 편집해 주는 인터넷 플랫폼이 늘어나 특별한 지식이나 훈련 없이도 손쉽게 이미지를 편집할 수 있다. 사진 편집을 넘어 고도화된 영상 편집까지 가능케 하는 기술, 즉 딥페이크는 매우 실감 나는 결과물을 만들어 낼 수 있다. 이 기술이 고도화되고 상용화됨에 따라 가짜뉴스, 조작된 비디오, 오디오와 같은 허위 정보의 생산이 더욱 쉬워지고 정교해지는 문제가 생겨났다. 예를 들어 특정 제품을 이슈화하기 위해 유명인이 해당 제품을 착용하거나 사용하는 가짜 이미지 또는 영상을 가공할 수 있다. 사회적으로 저명한 인사의 목소리를 삽입해 허위의 정보를 사실인 것처럼 왜곡하는 음성 정보도 만들 수 있다.

AI 생성형 기술로 사진이나 음성 및 영상의 조작이 가능해지면서 과거에 신뢰받던 이미지에 대한 신뢰성을 의심하는 상황이 생겨났다. 즉, 조작된 정보가 범람하면서 이로 인한 사기 범죄에 연루되거나 이미 되돌리기 힘든 사회적 혼란이 발생하고 있다. 이러한 가짜 정보를 접한 대중은 해당 내용의 진위를 정확히 파악하지 못한 채 신뢰하게 되고 교묘하게 꾸며진 사기 행위의 피해자가 되기도 한다.

인터넷 플랫폼의 특성상 이용자를 현혹하거나 기만하기 위한 목적을 가진 정보들은 일단 공개되면 매우 신속하게 유포된다. 이렇게 유포되어 큰 파급력을 갖는 가짜 정보는 큰 이슈가 된다. 앞으로 딥페이크 기술은 상대방을 현혹하거나 사기 범죄에 빠트리기 위한 목적으로 활용되어 피해가 커질 수 있는 만큼 악의적인 목적이나 용도로 사용되지 못하도록 법 제도적 장치가 마련되어야 한다.

현행법상으로는 이러한 행위에 대해 사기죄로 처벌할 수 있다. 사기는 타인을 기망하여 물질적인 이득을 얻거나 타인에게 손해를 입히는 범죄 행위다. 일반적으로 거짓된 행위나 언행으로 상대방을 속이는 것이 특징이다. 대부분의 국가에서 사기죄는 형벌을 부과하는 범죄이며, 여러 사기 행위가 존재하므로 이를 처벌하는 법률도 다양하다. 우리나라의 형법에도 일반적인 사기 외에 컴퓨터 등을 사용한 사기, 부당이득, 공갈 등 정해진 유형에 따라 처벌하고 있다.

딥페이크 기술이 사기 영역에서도 악용되는 경우가 늘고 있다. 최근 금융권 은행들은 안면 정보를 기반으로 한 비대면 거래를 확대하고 있는데 정교해진 딥페이크 기술로 타인의 음성이나 얼굴을 삽입한 동영상을 제조해 금융 사기가 늘어나고 있다.

실시간 스트리밍(Streaming) 분야에도 딥페이크 기술이 적용되고 있다. 아들로부터 걸려 온 영상통화를 받은 부모는 급전이 필요하다는 아들에게 바로 입금했지만, 이는 아들의 SNS에 올려진 사진을 바탕으로 가공해 낸 딥페이크 영상이었다. 이러한 정보에 대해 판단력이 충분하지 않은 경우, 이를 마치 사실인 것처럼 믿고 금융 거래나 투자 등의 사기에 휘말리게 되는 것이다.

그러나 일부 딥페이크 기술을 악용한 사기 범죄에 대해 사기죄를 적용하고 처벌하는 데에 한계가 있다. 해당 딥페이크 콘텐츠는 SNS상에서 이용자들의 이목을 끌기 위한 흥행 소재로 활용되고 있기 때문이다. 예를 들어 딥페이크 영상이 직접적으로 사기 행위 또는 금전적 이익을 추구할 목적으로 제작되지 않은 경우가 있다. 단순히 유명인의 얼굴이나 음성을 사용해 생성한 정보로 별도의 투자회사나 SNS 소통방을 홍보하는 경우다. 이렇게 투자회사나 SNS는 가입한 회원들을 상대로 투자 기회를 소개하고 사기 범죄를 행한다. 다시 말해, 딥페이크 기술을 통해 유명인의 얼굴과 목소리를 활용해 투자자 모임을 홍보하는 것만으로는 사기죄가 적용되는 직접적인 요건으로 보기 어렵다. 즉, 현행법상 해당 영상 속에 재물교부 또는 재산상 이득을 위한 사기범죄 행위가 포함되지 않는다면 처벌이 어려운 한계가 있다.

명예훼손

유명인사나 정치인이 등장하는 가짜뉴스나 영상은 과거에도 존재했다. 예를 들어, 영상 속 인물의 목소리를 줄이거나 키우는 기법을 사용한 후 선정적인 자막과 나레이션을 사용해 원래의 의미를 왜곡하거나 오해를 유발하는 것이다. 해당 인물과 전혀 관계없는 음성이나 다른 장면에서 따온 말 또는 표정 등을 짜 맞추어 원래의 의도와 다르게 보이도록 조작하는 방법도 있다. 이러한 기술을 셸로우 페이크(shallow fake)라고 하며, 이는 인간이 직접 수작업으로 편집한 편집물이다. 이러한 편집물은 자극적인 뉴스 기사, 1인 미디어와 SNS의 게시물 등에 유포되며, 제작자가 원하는 메시지를 강조하거나 상황을 조작하기 위해 사용된다.

생성형 AI 기술이 대중화되면서 사실인지 거짓인지 구분하기 힘든 정보들이 넘쳐 나고 있다. 이러한 거짓 정보는 대중의 관심이 크게 쏠리는 국가적 행사나 일정에 집중해서 발생한다. 대표적으로 선거를 앞두고 각종 흑색 선전물이 쏟아지는 경우다. 일례로 국내의 한 정치인이 "조폭들이나 할 법한 행동을 한 범죄자의 배후에는 누가 있겠느냐"고 한 발언이 사회적 커다란 파장을 일으켰다. 하지만 딥페이크 탐지 솔루션을 개발하는 딥브레인 AI에 따르면 이 영상은 특정 개인의 얼굴을 다른 사람의 것으로 바꾸는 '페이스 스와프' 기술과 발화자의 목소리를 생성하는 '립싱크' 기술을 사용한 딥페이크로 확인되었다. 즉, 사실과 관계가 없는 거짓 정보를 만들어 대중을 혼란시키려는 의도가 담긴 가짜 정보였다.

2021년 1월, 미국 뉴햄프셔주의 유권자들이 조 바이든 대통령의 목소리로 가장된 전화를 받는 사건이 발생했다. 이 전화에는 예비선거에서 투표하지 말라는 음성 메시지가 담겨 있었다. 딥페이크 기술을 사용해 실제와 유사한 목소리를 생성하고, 그 목소리를 사용해 유권자들에게 혼란을 주려는 시도로 해석된다. 딥페이크 음성 기술의 발전으로 유력 인사의 목소리를 매우 정교하게 모방할 수 있게 되었고, 실제로 우리 사회가 혼란을 겪은

대표적 사례다.

딥페이크 기술로 인한 문제가 발생한 지 이미 수년이 흘렀으나 문제 해결의 기미는 보이지 않고 있다. 현재도 인터넷상에서 타인의 명예를 훼손하거나, 특정인의 사회적 위치를 악용한 거짓 정보는 여전하다. 이렇게 유명 정치인이 행한 것처럼 꾸미고 날조된 가짜 정보는 당사자의 명예를 심각하게 훼손할 뿐만 아니라, 민주주의를 위협하는 범죄 도구가 되고 있다. 점점 늘어나는 딥페이크 기술을 이용한 명예훼손 범죄를 최소화하고 진실을 보호하기 위한 사회적, 기술적 노력이 절실히 요구되는 시점이다.

현행법상 딥페이크 기술을 활용해 의도적으로 허위 정보를 제작, 유포하고 타인의 명예를 훼손하는 행위는 처벌 대상이다. 그러나 기존 명예훼손죄와 비교할 때 증거 수집과 법적 책임을 묻는 과정이 복잡하다. 법 제도적 개선이 필요한 이유와 그 개선 방안은 다음과 같다.

첫째, 해외에서 제작되는 딥페이크 영상은 정보의 출처와 제작자를 파악하기 어려운 문제가 있다. 실효적인 대응을 하기 위해서는 기술적 감별 능력의 개발, 딥페이크 생성 및 유포자의 특정 방법, 해외 수사기관과의 협력이 필요하다.

둘째, 가짜 정보의 제작 및 배포 과정에서 고의성의 증명이 필요하다. 해당 내용이 명예훼손에 해당하지 않거나 허위의 사실이라도 명예훼손이라고 판단될 정도에 이르지 않는 수준으로 교묘히 제작된다면 처벌이 쉽지 않다. 특히 유명인이나 정치인을 풍자하거나 패러디하는 콘텐츠는 사회를 비판하는 목소리로 여겨져 법적 처벌 대상에서 제외되어 왔기 때문이다. 물론 차별이나 혐오가 포함된 표현까지 표현의 자유가 보장되는 것은 아니지만, 직접적이고 명확하게 피해 내용이 드러나지 않는 경우에는 처벌이 쉽지 않다. 결국 딥페이크 기술로 인해 피해자의 명예는 훼손되더라도 실제로 훼손되었는지에 대한 객관적 평가가 내려지기까지 상당한 시간이 소요된다.

셋째, 딥페이크 콘텐츠의 제작 및 유포를 통제하기 위한 기술적, 법적 조치가 부족하다. 현재 딥페이크 콘텐츠를 구별해 내는 기술이 개발되고 있지만, 기존 딥페이크 영상을 분석하고 따라가는 수준에 그치고 있다. 결국 탐지 기술을 개발하더라도 이를 회피하는 방법으로 또 다른 딥페이크 기술이 만들어지면서 문제가 반복된다.

딥페이크 기술로 제작된 가짜 정보는 개인의 사회적 평판을 심각하게 손상시킨다. 특히 유명 연예인이나 정치인을 대상으로 한 가짜 비디오나 오디오는 그들의 명예를 훼손하고, 개인의 권리를 침해하는 결과를 초래한다. 현행 법체계에서 명예훼손죄는 타인의 명예를 훼손하는 행위에 대해 처벌 기준을 정하고 있으나, 딥페이크와 같은 신기술로 교묘하게 제작되는 정보로 피해를 입는 경우에도 구제할 수 있도록 기존 법 제도의 적극적인 해석이나 추가적인 보완책의 마련이 필요하다.

사문서 위조

딥페이크 기술을 활용해 기존 설계도나 문학 작품, 사진 이미지, 음성, 영화 등을 재가공하는 사례가 생겨나고 있다. 특히 인터넷 커뮤니티나 SNS 등을 중심으로 대중에게 널리 알려진 정보를 재미있게 풍자하는 딥페이크 적용 사례들이 있다. 그러나 이러한 딥페이크 콘텐츠는 원소유자 및 저작권자의 허락을 구한 후 재가공 및 재사용된 것이라고 보기 어렵다. 일시적으로 유행하거나 사람들의 눈요깃거리 정도로 활용되는 밈(Meme)의 수준에 그치는 것이 대부분이며, 이러한 콘텐츠를 제작하는 자 역시 특별히 상업적인 목적을 취하기보다는 일종의 개인적인 의견을 표현하는 수준에 그치는 경우가 많다.

하지만 개인적인 의견 표현의 일환 내지는 풍자나 일

시적인 유행 등의 목적으로 타인의 콘텐츠를 허락 없이 사용하는 수준을 넘어 상업적인 목적, 차별이나 혐오를 행하는 수단으로 해당 기술을 악용하는 사례가 있다. 저작권법에 따라 보호받는 타인의 저작물을 교묘하게 재가공해 저작권 침해를 피하거나, 타인의 저작물을 허락 없이 상당한 수준으로 차용해 유사한 저작물을 만들어 내는 행위가 늘어나고 있다. 저작물로서 보호받는 이미지를 수집해 딥페이크 기술로 재가공하는 경우 일반인은 쉽게 구분해 내기 어렵다. 예를 들면 오지나 험지의 희귀한 풍경이나 대상을 담아내는 이미지나 영상물, 해외에서 제작되는 촬영물은 상당한 시간과 노력을 요한다. 이러한 방식으로 제작된 콘텐츠는 가치를 인정받으며 법에 따라 보호된다.

콘텐츠 이용자를 대상으로 허위 정보를 마치 스스로 만들어 낸 것처럼 꾸미고 이를 통해 상업적인 목적 달성을 꾀하는 경우는 본래 생성형 AI가 개발된 목적을 벗어난다. 딥페이크 기술을 활용해 유명인이 출연하는 가상의 문서를 위조하는 행위는 개인정보 주체의 동의를 얻지 않은 것으로서 범죄다. 위법하게 만들어진 문서나 영상을 제작하고 이를 시청하는 자에게 잘못된 판단을 하도록 유도해 불리한 계약이나 금전 거래 등을 하게 하는 사기 행위도 발생할 수 있다.

기존 영상물 역시 수집되고 2차, 3차 가공돼 또 다른 콘텐츠로 생성될 수 있다. 이러한 경우 법으로부터 보호받는 기존의 콘텐츠와 AI에 의해 가공된 콘텐츠가 혼재하는 상황이 발생하면서 이용자들은 어떤 것이 원본인지 알기 어려워지고, 결국 긴 시간과 노력을 필요로 하는 인간의 순수 콘텐츠 제작 행위는 창작 의욕 저하로 인해 점차 줄어들 것이다.

최근 딥페이크 기술을 활용한 '가짜 탄원서' 위조 사건이 논란이 되었다. 피싱 범죄에 사용되는 가짜 이미지도 만들어지고 있다. 이러한 사문서 위조는 사기나 기만의 목적으로 사용되므로 범죄에 해당하며 법에 따라 처벌될 수 있다. 다시 말해 타인을 사칭하고 범죄에 이용하기 위해 딥페이크 기술로 사문서를 제작한 경우 현행법으로도 규율될 수 있다.

그러나 범죄성을 띠지 않는 행위로서 헌법상의 표현의 자유로 보호되는 경우도 생각해 볼 수 있다. 비록 허락 없이 함부로 유명 인사의 얼굴 또는 메시지를 영화나 음원에 삽입해 콘텐츠를 제작했더라도 사회 비판, 풍자 및 오락적인 형태로 활용하는 경우 사문서를 위조한 범죄로 판단하기는 어렵다. 또한 생성형 AI를 활용해 제작한 결과물을 특별히 행사하지 않고 개인적으로 소유하는 것에 그친다면 처벌되지 않는다. 그리고 음란물이나 청소년에게 유해가 되는 정보가 아닌 경우에도 이러한 행위를 특별히 규제할 수 있는 법적 규제는 없다.

03
딥페이크와 초상권 침해

자신의 초상을 무단으로 사용해 딥페이크로 제작할 경우 초상권 침해에 대한 법적 책임을 물을 수 있다. 한편 퍼블리시티권이란 개인의 초상, 성명, 목소리, 특이한 행동 등 그 사람의 속성에 대한 재산적 가치를 권리자가 독점 · 배타적으로 지배하고 타인의 상업적 이용을 배척할 수 있는 권리를 말한다. 우리나라는 이를 재산권으로 인정하지 않지만, 2021년 '부정경쟁방지법'을 개정해 타인의 퍼블리시티권을 무단으로 사용할 경우 이를 부정경쟁행위로 보아 시정명령이나 손해배상 등 법적 책임을 물을 수 있게 됐다.

초상권 침해

초상권은 인격권의 일종이다. 인격권이란 개인의 인격에 대한 타인의 간섭과 강요를 거부할 수 있는 권리를 말한다. 이러한 인격권에는 명예권, 성명권, 초상권 등이 있다. 명예권이란 개인의 명예를 스스로 지킬 수 있는 권리다. 형법상 명예훼손죄를 처벌하는 것도 이러한 타인의 명예권을 침해했기 때문이다. 성명권이란 자신의 성명(이름)을 배타적으로 사용하고 다른 사람의 허락 없는 사용을 배척할 수 있는 권리다. 한편 초상권이란 성명권과 마찬가지로 자신의 초상(얼굴)에 대한 배타적 권리로서 타인이 자신의 초상권을 허락 없이 사용할 경우 법적 대응이 가능하다. 결국 인격권이란 자신의 명예, 성명, 초상 등을 자기 스스로 지배 · 결정할 수 있는 권리를 말한다. 개인정보 자기결정권, 성적 자기결정권 등 이른바 '자기결정권'이라는 것이 바로 인격권에서 도출되는 것이다.

자신의 초상을 무단으로 사용해 딥페이크로 제작할 경우 초상권 침해에 대한 법적 책임을 물을 수 있다. 형사처벌의 대상은 아니나 민법상 불법행위에 해당할 수 있다. 물론 초상권의 침해가 명예권을 훼손하는 수준에까지 이르면 앞에서 설명한 명예훼손죄로 처벌할 수 있다. 민법상 불법행위에 대해서는 손해배상청구가 가능하다.

퍼블리시티권 침해

초상권을 인격권의 일종이라고 설명했는데, 미국 등 다른 나라에서는 초상권을 재산권의 일종으로 보기도 한다. 이른바 퍼블리시티(publicity)권을 인정하는 것이다. 퍼블리시티권이란 개인의 초상, 성명, 목소리, 특이한 행동 등 그 사람의 속성에 대한 재산적 가치를 권리자가 독점·배타적으로 지배하고, 타인의 상업적 이용을 배척할 수 있는 권리를 말한다.

퍼블리시티권을 처음 인정한 미국에는 이른바 프라이버시(privacy)권이 존재했다. 프라이버시권이란 자신의 사생활이 타인으로부터 침해되지 않을 권리를 말한다. 따라서 미국은 초상권을 프라이버시권에서 파생된 권리로 보았다. 그런데 19세기 후반, 미디어 매체의 급진적 발전으로 인해 유명인의 초상, 음성 등이 광고 등에 허락 없이 사용되는 경우가 빈번히 발생했다. 유명인이 직접 광고에 출연한 것도 아닌데 유명인의 얼굴이나 음성을 허락 없이 사용해 마치 유명인이 직접 광고하는 것처럼 속이는 행위에 대해 그저 초상권 등 프라이버시권 침해로 대응하는 것은 문제가 있다고 생각한 미국의 법원은 이를 재산적 침탈 행위로 보아 유명인의 초상, 성명, 음성 등에 재산적 가치를 인정했다. 이것이 바로 퍼블리시티권이다. 재산적 가치가 인정되기 때문에 타인이 이를 사용하기 위해서는 이용 허락은 물론 이용 대가를 지불해야 하며, 이를 어기고 부정 사용할 경우 법적 책임을 물을 수 있다. 처음에는 유명인에게만 인정되던 권리였는데 점차 일반인까지 그 권리의 인정 범위가 확대됐다.

우리나라는 미국과 달리 재산권은 법률에 의해서만 창설될 수 있다. 이를 '물권법정주의'라 한다. 아직까지 이를 재산권으로 규정하고 있는 법률이 없기 때문에 우리나라에서는 재산권으로서 퍼블리시티권은 인정되지 않고 있다. 일부 하급심에서 '독립한 경제적 가치는 그 자체로 보호할 가치가 있다는 점에 비추어 해석상 이를 독립적인 권리로 인정할 수 있다'는 판결도 있지만 아직까지 대법원의 판결이 없고, 주류 판례는 이를 인정하지 않고 있다.

다만 지난 2021년 '부정경쟁방지 및 영업비밀보호에 관한 법률'을 개정해, '국내에 널리 인식되고 경제적 가치를 가지는 타인의 성명, 초상, 음성, 서명 등 그 타인을 식별할 수 있는 표지를 공정한 상거래 관행이나 경쟁질

서에 반하는 방법으로 자신의 영업을 위하여 무단으로 사용함으로써 타인의 경제적 이익을 침해하는 행위'를 '부정경쟁행위'의 한 유형으로 규정했다. 따라서 퍼블리시티권이 미국처럼 재산권으로 보호받지는 못하지만 타인이 자신의 퍼블리시티권을 무단으로 사용할 경우 이를 부정경쟁행위로 보아 시정명령이나 손해배상 등 법적 책임을 물을 수 있다. 타인의 초상, 성명, 행동, 음성 등을 무단으로 사용해서 딥페이크를 제작해 상업적 이용을 한다면 당연히 부정경쟁방지법상 부정경쟁행위에 해당해 시정명령이나 손해배상 등 법적 책임을 물을 수 있을 것이다.

04
딥페이크 음란물과 인격권 침해

우리나라 현행 형법은 포르노 같은 음화를 제작하더라도 개인 소장에 그치면 처벌하지 않고 있다. 제조한 음화를 타인에게 배포하는 행위와 같은 목적성이 결부되어야 형법상 음화제조죄로 처벌할 수 있다. 딥페이크 음란물을 구매하거나 소지하고 이를 시청한 자들에 대한 구체적인 처벌 조항 역시 형법에는 존재하지 않는다. 불법 음란 정보를 공급하는 측과 이용하는 측 모두를 처벌할 수 있는 엄격한 기준이 마련될 필요가 있다. 이런 이유에서 성폭력처벌법 등과 같은 특별법이 만들어졌다.

음화제조죄

딥페이크 기술로 인해 발생하는 여러 문제 중에서도 가장 큰 문제는 음란물 제조에 악용되는 경우다. 음란물 제조가 딥페이크 기술이 상당히 높은 빈도로 활용되고 있는 분야라는 사실은 틀림없다. 실제로 2019년 조사 기준, 딥페이크 비디오의 약 96%는 포르노그래피에 해당한다. 이미 생성형 AI가 만드는 콘텐츠는 일반인이 쉽게 구별해 내기 어려울 정도로 정교한 수준에 이르고 있다. 흔히 쓰이는 기술로는 이미 존재하고 있는 음란물에 전혀 관계없는 피해자의 얼굴이나 신체 일부분을 삽입해 마치 피해자가 음란물에 출연하고 있는 것처럼 보이게 하는 것이다. 딥페이크 기술을 이용하면 SNS에 올려진 인물 사진 2~3매 정도만으로도 불법 음란물을 만들어 낼 수 있다. 과거에도 유사한 형태의 불법적으로 편집된 음란물이 존재해 왔던 것은 사실이다. 이러한 음란물은 대부분 사진과 같은 이미지에 특정 인물의 얼굴이나 신체를 수작업으로 추가하는 방식이었다. 피해 대상은 주로 인기를 얻고 있는 여성 연예인들이며 국내나 해외에서도 해당 불법 음란 편집물이 빈번히 만들어져 왔다. 국내에서도 많은 여성 연예인들이 불법 합성 사진의 피해가 된 사례는 그 수를 헤아릴 수 없을 정도다.

인간이 수작업으로 불법 합성 사진을 만들던 과거의 방식은 AI 기술과 결합해 더욱 고도화된 수준에 이르게 되었다. 2024년 초, 세계적 팝가수 테일러 스위프트가 등장하는 딥페이크 음란물이 제작되어 유포되었고, 소셜 미디어를 통해 급속도로 퍼진 해당 음란물은 4,700만 회의 조회수를 기록했다. 그 결과 유명 가수의 이미지는 훼손되었고, 팬들과 전 세계 대중은 혼란을 겪었다. 이처럼 디지털 조작 콘텐츠가 초래하는 개인의 피해와 사회적 혼란은 걷잡을 수 없는 피해로 이어진다.

피해 대상은 인기를 끄는 유명인들에 한정되지 않는다. 일반 개인을 대상으로 한 음란 영상도 생겨나면서 SNS에서 이를 공유하거나 판매하는 행위도 생겨났다. 여기에 더해 2차 성적 가해까지 이르는 추가 범죄가 발생할 우려가 커지고 있다. 대한민국 최고의 지성인을 양성하는 서울대학교에서 동문 등 여성 수십 명을 무단으로 합성한 성착취물을 'n번방'과 같은 보안 메신저에서 유포한 서울대 졸업생 2명이 구속되는 충격적인 사건도 있었다. 이들은 서울대생 12명 등 여성 60여 명의 사진을 합성하는 방식으로 성착취물을 제작해 보안 메신저 텔레그램에서 유포했다. 동문 여성의 졸업 앨범 사진과 SNS 사진 등을 이용해 다른 여성의 나체 사진과 합성한 뒤 이를 피해자의 출신 학과, 나이 등 신상 정보와 함께 유포한 것이다.

심지어 AI 기술은 동영상을 편집하는 수준을 넘어 새롭게 창작하는 수준에까지 이르고 있다. 실존하지 않는 인물이 등장하는 음란물이 제작되면서 음란물에 노출된 피해자를 특정할 수 없다는 점도 눈여겨보아야 한다.

딥페이크 기술이 활용된 불법 음란물이 늘어나면서 우리 사회는 해당 문제에 대해 엄중한 시각으로 해결 방안을 요구하고 있다. 동시에 IT 기업, 정부, 전문가는 딥페이크 기술이 음란물 제조에 이용되지 않도록 해결 방안을 만들어야 한다.

우리나라에서는 포르노 같은 음화를 제작하더라도 개인 소장에 그치는 경우 이를 처벌하지 않고 있다. 다시 말해 음화를 제조하는 행위 자체는 처벌하지 않는다. 제조한 음화를 타인에게 배포하는 행위와 같은 목적성이 결부되어야 음화제조죄로 처벌할 수 있다. 따라서 음화를 반포, 판매, 임대, 전시, 상영하는 행위가 목적이 아닌 개인적 소장이 목적이라면 이를 처벌할 수 없다.

그러나 딥페이크와 같은 생성형 AI의 학습 특성을 볼 때, 기술을 활용해 하나의 음화를 제작하는 행위는 인공지능 기술의 진화를 돕는 것이기도 하다. 인공지능 기술은 많은 이용자가 이용을 거듭해야 다양한 사례가 축적되고 생성되는 결과물 역시 고도화된다. 같은 맥락에서 딥페이크 기술을 이용할 때 필요한 정보를 제공하고 활용함에 동의하는 행위는 AI의 학습 과정에 기여하는 일이라고 할 수 있다. 관련 콘텐츠를 만들기 위해 조건을 설정하고 이에 필요한 데이터를 제공한 행위가 추후에 타인이 제작하는 결과물에도 일정 부분 영향을 미칠 수 있다.

결과적으로 음란물을 제조하는 행위 자체를 처벌할 수 없기에 이러한 제작 행위가 추후 AI의 학습 활동에 기여한 경우에도 이를 처벌할 수 없다는 법적 한계가 있다.

음화반포죄

그간 우리나라는 정부의 지원 정책과 기업의 인프라 구축 노력 등으로 세계 최고 수준의 인터넷 환경을 조성해 왔고, 이를 발판으로 다양한 IT 산업이 발달했다. 그러나 초고속 인터넷망을 통해 불법 음란물도 빠르게 퍼졌다. 1990년대에는 유명 연예인의 불법 촬영물이 인터넷을 통해 공유되며 해당 연예인은 큰 정신적 피해를 받았다. 그리고 2020년, SNS를 통해 불법 음란물이 다수에게 공유된 'N번방 사건'은 우리 사회에 큰 공분을 일으켰다.

음란물을 제작하는 데 딥페이크 기술이 사용되기 시작하면서 음란물의 특징이 바뀌었다. 영상 속의 행위가 실재(實在)하지 않는 행위로서 피해자가 피해 사실을 제때 인지하기 어렵고, 이를 인지하더라도 가해자가 누구인지, 언제 제작된 것인지 특정하기 어렵다. 그러는 동안 딥페이크 음란물은 인터넷 환경에서 빠르게 퍼져 나간다. 음화 반포 행위는 중대한 범죄임에도 현재도 딥페이크 기술로 생성된 불법 음란물의 제작, 소지, 배포 사례는 여전하다.

생성형 AI 기술의 발달로 콘텐츠의 제작과 공유 방식이 비교적 간단해지면서 음화를 공유하거나 반포하는 연령대도 낮아지고 있다. 최근 청소년들이 주체가 되는 딥페이크 범죄가 많이 발생하고 있다. 청소년들이 주변 지인의 얼굴을 음란물과 합성해 SNS에 공유하는 방식으로 이른바 '지인 능욕' 행위를 하는 것이다. 간단히 스마트폰 앱을 이용해 딥페이크 사진을 만들 수 있고, 이를 지인이나 일반 대중에게 공유하는 방식이다. SNS에 공개된 개인정보를 가지고 딥페이크 영상을 생성해 인터넷상에 유포함으로써 심각한 피해를 발생시킨다. 이처럼 딥페이크 기술로 인한 사회적인 문제가 커지고 있는 상황에서 실효성 있는 해결 방안이 필요하다.

음란물을 인터넷상에 올리거나 타인에게 전송하는 행위는 형법상 음란물배포죄에 해당하며, 특히 미성년자가 관련된 경우 그 처벌은 더욱 엄격해진다. 형법 제243조는 음란한 문서, 도화, 필름 기타 물건을 반포, 판매 또는 임대하거나 공연히 전시 또는 상영한 자는 1년 이하의 징역 또는 500만원 이하의 벌금에 처하도록 정하고 있다. 그리고 딥페이크 음란물과 같이 인터넷에서 발생하는 음란물 배포는 '정보통신망 이용촉진 및 정보보호 등에 관한 법률'에 의해 주로 다루어진다. 정보통신망법에서는 음란물의 제작, 배포에 대해 엄격한 처벌 규정을 마련하고 있다.

또한 '성폭력범죄의 처벌등에 관한 특례법'은 직접 촬영한 음란물뿐만 아니라 이를 편집 · 합성 · 가공한 경우에도 처벌할 수 있도록 규정함으로써 딥페이크 음란물을 제작한 사람도 처벌할 수 있다. 다만 종래의 성폭력처벌법 제14조의2 제1항은 범죄의 구성 요건으로서 '반포 등을 할 목적'이 있는 사람만 처벌할 수 있도록 규정하고 있었던 탓에 '반포 등을 할 목적'이 있었는지를 수사기관이 입증해야만 처벌이 가능했다. 제조자가 반포 목적이 없었다면 친구나 지인 등 제3자에 의해 반포된 경우에도 제조자를 처벌할 수 없다는 것은 참으로 이해할 수 없는 일이다. 이러한 비판이 제기되자 국회는 법률을 개정해서 '반포 등을 할 목적' 부분을 삭제했다. 따라서 이제는 제3자에게 반포 목적이 있었는지에 관계없이 딥페이크 음란물 제작자를 처벌할 수 있게 되었다.

음화를 반포하는 행위를 처벌하고 음란물의 유포를 신속하게 차단하기 위한 기술적 수단의 개발과 노력도 이루어지고 있지만, 여전히 음란물 반포 행위는 줄어들 기색이 보이지 않는다. 특히 우리나라의 수사권이 미치지 않는 해외에서 발생하는 딥페이크 음란물 반포 행위는 신속한 대응이 어려울 뿐만 아니라 범죄 행위를 일으킨 자를 체포하는 데도 현지 당국과의 공조가 필요하다. 해외에 서버를 둔 SNS 메신저 등의 비밀 대화방에서 일어나는 반포 행위를 우리나라의 수사기관이 일일이 능동적으로 대처하기란 쉽지 않다. 음란물의 제작과 유포를 비교적 엄격하게 단속하고 현지법상 처벌하지 않는 지역에서 유포되는 경우 국내에서 접속을 차단하는 방법 정도가 유일한 해결책이 되는 수준이다. 따라서 음화 반포 범죄는 엄격한 법적 처벌만으로는 해결되기 어려운 문제라고 할 수 있다.

디지털 성범죄

딥페이크 기술은 디지털 성범죄의 원인이 되기도 한다. 피해자의 동의 없이 얼굴이나 신체 일부의 이미지로부터 추출한 데이터를 전혀 관계없는 포르노나 성착취물에 삽입한 후 이를 유포하겠다는 협박 또는 금전을 요구하는 범죄가 발생하고 있다. 게다가 딥페이크 기술을 사용해 성폭력 피해자의 얼굴을 합성해 가짜 영상을 만들고, 이미 발생한 성폭력 사건을 사실이 아닌 것처럼 조작할 수도 있다. 즉 성폭력 가해자는 책임을 회피하기 위해 딥페이크 기술을 악용하고, 동시에 성폭력 피해자의 증거 능력을 약화시키는 데에도 악용할 수 있다.

최근 미성년자들이 자신의 친구가 SNS에 업로드한 사진을 함부로 다운로드한 후 이를 딥페이크 기술로 음란 콘텐츠에 삽입한 사건이 발생했다. 학교에서 흔히 벌어지고 있던 학우의 괴롭힘이나 왕따와 같은 따돌림 행위가 사이버상에서 다른 형태로 발생하고 있는 것이다. 성적 수치심을 발생시키는 디지털 성범죄 행위는 인터넷 공간의 특성상 그 피해를 걷잡을 수 없을 뿐만 아니라 한 번 유포되면 완전히 삭제하기 쉽지 않은 측면이 있다.

문제의 핵심은 기술 진보로 인해 디지털 성범죄 관련 영상이 단순한 촬영물을 넘어서고 있다는 데 있다. 현행

법률이 정의하는 불법 촬영물은 피해자의 신체를 직접 촬영한 영상이나 이러한 영상의 복사본에 국한된다. 그러나 인공지능의 발달로 인해 디지털 성범죄 영상은 더욱 복잡하고 다양한 방식으로 생성되어 악용되고 있다. 성범죄의 증거를 조작하거나 실재하지도 않는 사실을 새롭게 만들어 내어 수사에 혼란을 줄 수 있다는 것이다. 디지털 성범죄에 대한 적극적 대응이 절실하다.

딥페이크 기술을 악용한 디지털 성범죄를 예방하기 위해 성폭력처벌법이 2020년에 개정되었다. 정부는 디지털 성범죄를 예방하기 위해 다양한 노력을 기울이고 있다. 그럼에도 딥페이크 기술을 이용한 디지털 성범죄는 여전히 우리 사회를 불안하게 만드는 요소로 여겨지고 있다. 이전에는 주로 연예인을 대상으로 한 허위 영상물이 대다수였지만, 최근에는 젊은 층을 중심으로 SNS에 올려진 지인의 일상 사진이나 영상을 다른 사람의 나체나 성관계 영상과 합성해 제작하고 유포하는 '지인 능욕'이라는 범죄 행위가 발생하고 있다. 간단한 조작만으로 누구나 신속하고 간편하게 허위 영상물을 제작할 수 있게 됨에 따라 이러한 행위로 발생하는 피해는 더욱더 심각해지고 있다.

그렇지만 성폭력처벌법은 실존하는 인물의 신체 정보

를 함부로 촬영하거나 유포하는 행위에 대한 처벌에 한한다. 딥페이크 기술로 실존 인물이 아닌 가상 인물을 만들어 낼 수도 있고, 실존 인물과 비슷해 보이지만 실제로는 다른 허구의 인물처럼 만들 수 있다. 즉 영상 속의 인물은 존재하지 않는 인물이므로 특정될 수 없고 아동·청소년에 대한 인권 침해 등에 해당하는지 쉽게 판단할 수 없다. 만약 실존하지 않는 인물이 영상에 출연하는 것이라면 이를 두고 성폭력처벌법에서 정의하는 아동·청소년 및 특정 인물이 출연하는 음란물의 요건에 해당하지 않게 된다. 실제로 존재하지 않는 인물을 가공해 제작한 딥페이크 영상이라면 성폭력처벌법상 불법 촬영물의 제작 또는 소지죄에 해당하지 않을 가능성이 크다.

더 나아가 딥페이크물을 구매하거나 소지하고 이를 시청한 자들에 대한 구체적인 처벌 조항이 존재하지 않는다면 이러한 불법 구매자 또는 이용자를 공범 또는 방조범으로서 처벌하기 어렵다. 이러한 문제를 해결하기 위해 국회는 성폭력처벌법을 개정해서 딥페이크 음란물을 소지·구입·저장·시청한 경우에도 처벌할 수 있는 법적 근거를 마련했다.

05
음란의 판단 기준

딥페이크를 이용한 개인의 인격권 침해 중 '음란물'로 인한 침해에 법적으로 대응하기 위해서는 해당 콘텐츠가 '음란'해야 한다. 음란의 의미와 법적 판단 기준은 시대에 따라 계속해서 변한다. 우리나라는 미국과 달리 표현의 성적 자극이라는 '사실'에 중점을 둔다. 미국은 성적 자극의 '가치적 측면'을 고려한다. 어떤 화가의 작품이 성적 표현을 노골적으로 했다고 가정할 때, 우리나라는 그 표현이 성적 자극을 준다는 '사실'에 무게를 두어 음란한 것으로 평가하지만 미국은 작가가 그러한 표현을 통해 무엇을 추구한 것인가라는 '가치적 측면'을 고려한다.

음란

딥페이크를 이용한 개인의 인격권 침해 중 특히 '음란물'로 인한 침해에 법적으로 대응하기 위해서는 해당 콘텐츠가 '음란'해야 한다. 누구나 '음란'의 의미와 법적 판단 기준을 쉽게 이해할 수 있을 것으로 생각하지만 실제 그 의미와 법적 기준을 판단하는 것이 결코 쉬운 일은 아니다. 또한 음란의 의미와 법적 판단 기준은 시대 상황에 따라 계속해서 변화하기 때문에 이를 명확히 정의하는 것이 쉽지 않다.

오래전 사진작가 박화야의 사진 에세이 '목욕하는 여자'가 장안의 화제가 된 적이 있다. 그녀는 이 책에서 여자목욕탕을 "채 여물지 않은 가슴의 소녀들이 밤새 마신 술을 게워 내기도 하는 곳, 시집가는 날 신부가 정결히 몸단장을 하는 곳, 빈부와 귀천이 드러나지 않는 곳, 마음껏 깔깔대며 알몸으로 고스톱도 즐길 수 있는 곳, 밤늦게 만취해 귀가하는 남편들 때문에 속이 타는 주부들과 그 남편들이 지불하는 팁과 화대로 살아가는 술집아가씨와 접대부가 이모 · 언니하며 서로의 등을 밀어 주는 이율배반의 공간"이라고 묘사했다.

인상주의의 선구자 르누아르(Renoir)도 목욕하는 여자를 그렸다. 1883년에는 목욕하는 한 명의 여인을,

1887년에는 네 명의 목욕하는 여인을 그렸다. 확 트인 자연에서 목욕하고 있는 네 여인을 원근법을 무시한 채 조화롭게 그려 냈다. 이 작품은 1883년 작 '목욕하는 여인'과 전체적인 분위기는 유사하지만, 네 여인이 각기 다른 모습으로 멱을 감고 이야기 나누는 모습을 묘사함으로써 더 자연스럽고 편안한 느낌을 주었다는 점과 자연을 더 구체적으로 배경 처리함으로써 인상주의의 특징을 잘 표현했다는 점이 두드러진다.

이미 여자목욕탕이 사진 작품으로 나온 시점에서 르누아르의 이 작품을 보면서 음란하다거나 외설적이라는 느낌은 전혀 들지 않을 것이다. 그런데 음란성에 대한 판단은 시대적 또는 지역적 상황에 따라 매우 유동적인 것이므로 이 작품이 발표되었을 당시에는 외설적이라는 생각을 하는 비평가도 있었을 것이다. 르누아르의 이 작품은 다른 인상주의 화가들의 작품에 비해 여성의 풍만한 볼륨을 강조했으며 그 몸짓 또한 매우 자연스러워서, 당시의 미술평론가들마저도 이 작품은 '아른거리는 살색을 매만지고 싶은 충동을 느끼게 한다'고 했을 정도였다. '만약 여자에게 유방과 엉덩이가 없었다면 나는 그림을 그리지 않았을 것'이라는 르누아르의 독백은 이미 잘 알려진 이야기다. 그는 누드화에서 풍만한 생명감과 여인의 은밀한 관능까지 살색으로 표현하려고 애를 썼다. 이런 점들을 미루어 볼 때 적어도 당시에는 외설성에 대한 시비가 얼마든지 있었을 것으로 보인다.

1916년 김관호 화백이 '해 질 녘'이라는 작품으로 일본의 최고 공모전에서 특선을 했으나 우리나라 신문에서는 그의 작품 사진을 실을 수가 없었다. 작품 속의 여인이 벌거벗었다는 것이 게재 불가의 유일한 이유였다. 당시에는 여인의 누드만으로도 외설성에 대한 시비를 하기에 충분했다는 것이다. 1970년에는 고야의 작품 '옷 벗은 마하'를 성냥갑에 그려 넣었다는 이유로 '음화 제조 및 판매죄'로 성냥공장 사장을 처벌한 유명한 판례도 있었다. 그렇다면 여성의 성기가 직접 노출되거나 성교 장면까지 적나라하게 묘사된 제프 쿤스(Jeff Koons)의 작품과 교복을 입은 채 담배를 피워 물고 성행위를 하는 여고생을 묘사한 최경태의 작품을 본 일반인들은 과연 어떤 생각을 할까?

'외설'을 한마디로 정의할 수는 없지만 일반적으로 '구체적인 유형화 또는 암시적인 추상화 등을 통하여 성적인 의미를 표현함으로써 정상인이 느끼게 되는 즐거움보다는 당혹감이나 혐오감을 주는 일종의 사회학의 유형'으로 설명된다. 그런데 엄밀히 말해서 외설은 법률 용어가 아니다. 법에서는 이와 유사한 개념으로 '음란'이라는 용어를 사용한다. 또한 법에서는 음란(obscenity)이라는 개념과 저속(indecency)이라는 개념을 구별해 취급하고 있다. 음란은 헌법상 '표현의 자유'라는 기본권에 의해 보호받지 못하는 것으로서 형법이나 행정법 등에 의해 단속 및 처벌의 대상이 된다. 반면, 성인에게는 불법적이라고까지 할 수는 없으나 청소년과 같이 미성숙한 자에게는 정신적 · 육체적으로 악영향을 미칠 수 있는 것을 '저속'이라고 하는데, 이는 법적으로 제작 · 유통 · 소지 자체가 금지되는 것이 아니라 청소년들이 접근할 수 없도록 하는 관리 대상이 된다는 점에서 음란과 다르다.

판단 기준

어떠한 표현물이 음란한 것인지에 대한 판단이 시대적 또는 지역적 상황에 따라 매우 유동적이라는 것은 앞에서도 말했다. 그렇다면 현재 우리나라에서는 무엇을 음란한 것으로 평가하고 있는가? 우리나라 대법원은 '성에 관한 노골적이고 상세한 표현의 정도와 수법, 성에 관한 표현이 표현물 전체에서 차지하는 비중 및 관련성, 표현물의 구성이나 전개, 예술성 · 학문성 등에 의한 성적 자극의 완화 정도 등을 검토해 이러한 것들이 전체적으로 보는 이의 호색적 흥미를 돋우는 것'을 음란한 것으로 평가하였다.

미국은 1957년의 로스(Roth) 사건(354 U.S. 476)과 1973년 밀러(Miller) 사건(413 U.S. 15)에서 수립된 기준이 음란성 판단의 중요한 잣대로 제시되고 있다. 로스 사건은 1957년 65세의 로스가 판매를 목적으로 섹스 잡지 및 도서를 불특정 다수인에게 우송했다는 혐의로 기소된 사건이다. 이 사건에서 미국 연방대법원은 로스의 유죄를 인정했는데, 브레넌(Brennan) 대법관은 '전체적으로 보아 작품이나 자료의 지배적인 테마가 동시대 지역사회의 평균적인 보통사람들에게 호색적인 흥미를 자극할 것, 이러한 표현물이 성적 자극 외에 어떠한 사회적 가치도 없을 것'을 음란성 판단의 기준으로 제시했다. 이를 흔히 로스 기준이라 한다.

이후 밀러 사건에서 워런(Warren) 대법관은 로스 기준을 좀 더 보완했다. 밀러 사건은 1973년 마빈 밀러(Marvin Miller)라는 사람이 남녀의 성행위 장면이 묘사된 사진과 그림을 게재한 네 종류의 섹스 도서와 필름을 선전하는 광고 책자를 발송하고, 이를 개봉한 음식점 주인 부부의 고발로 주 당국으로부터 처벌을 받자 캘리포

니아 대법원에 상고한 사건이다. 이 사건에서 워런 대법관은 '동시대 지역사회의 기준에 비추어 보아 사회의 평균적인 보통사람들에게 전체적인 작품을 통해 음란하고 색욕적인 흥미를 자극하고 있는가, 그 표현의 정도가 극도로 음란한 포르노그라피(hardcore pornography)에 해당하는가, 사회적 가치라는 측면에서 볼 때 그것이 진지한(serious) 문화적 · 예술적 · 정치적 · 과학적 가치가 있는가 등을 통해 음란성을 판단해야 한다'고 판결했다. 이를 흔히 밀러 기준이라 한다. 미국에서는 지금까지도 대체적으로 이러한 기준으로 음란성을 판단하고 있다.

그런데 우리나라와 미국의 음란성 판단에 대한 기준을 비교해 보면 흥미로운 사실을 발견할 수 있다. 우리나라에서는 그 표현이 보통사람들에게 성적 자극을 준다는 '사실'에 중점을 두고 있음에 반해, 미국에서는 그러한 성적 자극이 단지 성적 자극이라는 것 외에 다른 사회적 가치가 있는가라는 '가치적 측면'을 고려한다는 것이다. 예를 들어 어떤 화가의 작품이 성적 표현을 노골적으로 했다고 가정했을 때, 우리나라에서는 그 표현이 성적 자극을 준다는 '사실'에 무게를 두기 때문에 음란한 것으로 평가될 확률이 높다. 그러나 미국에서는 작가가 그러한 표현을 통해 무엇을 추구한 것인가라는 '가치적 측면'을 고려해, 비록 그러한 표현이 성적 자극을 한다는 부정적 가치가 있음에도 불구하고 그러한 부정적인 가치보다 더욱 중요한 사회적 가치가 있다면 음란한 것으로 보지 않는다는 것이다.

물론 우리나라에서도 표현을 통한 성적 욕구가 예술성 또는 학술성으로 인해 완화될 경우에는 음란하지 않은 것으로 보고 있으나, 이는 특히 출판물 등에서 작품의 전체적인 전개 과정상 그 전개의 도구로서 음란한 표현이 불가피하게 사용된 경우에는 음란성을 인정하지 않을 수 있다는 뜻이지, 광범위하게 사회적 가치를 고려한다는 의미는 아닌 것으로 보인다. 만약 어떤 화가가 자신의 예술적 이미지를 형상화하기 위해서 또는 사회에 대해 어떠한 메시지를 전달하기 위해서 여성의 성기나 성행위 장면을 노골적으로 표현했다면 우리나라의 법원은 이 작품을 음란한 것으로 판단할 가능성이 크다.

06
딥페이크 음란물 제작자의 책임

우리나라 형법은 포르노 같은 음화를 제작하더라도 개인 소장에 그치는 경우 이를 처벌할 수 없다. 이를 보완하기 위해 '성폭력처벌법'이라는 특별법을 만들어 불법 촬영물이나 딥페이크 제작물을 소지 · 구입 · 저장 또는 시청한 경우에도 처벌할 수 있도록 했다.

처벌 근거

앞에서 살펴본 것처럼 우리나라 형법은 포르노 같은 음화를 제작하더라도 개인 소장에 그치는 경우 처벌하는 것이 쉽지 않다. 다시 말해 음화를 제조하는 행위 자체는 처벌할 수 없고 이를 타인에게 배포할 목적으로 제조한 경우에만 처벌이 가능하다. 물론 초상권, 퍼블리시티권 등 인격권 또는 재산권 침해에 대해 민사상 불법행위 책임을 물을 수는 있으나 형법상 형사처벌을 할 수 없다는 것이다.

이러한 형법의 한계를 해결하기 위해 성폭력처벌법이 만들어졌고, 이 법에서는 촬영물이나 이를 편집 · 합성 · 가공한 편집물(딥페이크)등 음란물을 제작한 자를 처벌할 수 있도록 규정하고 있다.

현행 성폭력처벌법 제14조는 '카메라나 그 밖에 이와 유사한 기능을 갖춘 기계장치를 이용하여 성적 욕망 또는 수치심을 유발할 수 있는 사람의 신체를 촬영대상자의 의사에 반하여 촬영한 경우'(제1항)와 '촬영물 또는 복제물을 소지 · 구입 · 저장 또는 시청한 경우'(제4항)에 처벌할 수 있도록 규정하고 있다. 따라서 불법 촬영물이나 복제물은 촬영 또는 복제 등과 같은 행위를 한 경우는 물론 이를 소지 · 구매하는 것만으로도 처벌이 가능하다는 것이다. 다시 말해서 타인의 신체를 허락 없이 촬영하는 행위는 '타인에게 배포할 목적' 여부와 관계없이 처벌이 가능하다.

그런데 이 규정은 카메라로 타인의 신체를 '촬영'한 경우에만 해당되기 때문에 딥페이크에는 적용이 되지 않는다는 한계가 있다. 다시 말해서 딥페이크 제작은 '촬영'이라 할 수 없으므로 형법은 물론 성폭력처벌법으로도 처벌이 어렵다는 것이다. 이러한 법적 한계에 대한 지적이 많아지자 딥페이크를 처벌할 수 있는 법적 근거인 성폭력처벌법 제14조의2, 즉 '반포 등을 할 목적으로 사람의 얼굴 · 신체 또는 음성을 대상으로 한 촬영물 · 영상물 또는 음성물을 대상자의 의사에 반하여 성적 욕망 또는 수치심을 유발할 수 있는 형태로 편집 · 합성 또는 가공한 자는 7년 이하의 징역 또는 5천만원 이하의 벌금에 처한다'라는 규정을 마련했다. 따라서 카메라로 타인을 '촬영'하지는 않았으나 이미 존재하는 촬영물 · 영상물 또는 음성물을 편집 · 합성 또는 가공한 경우에도 처벌할 수 있게 함으로써 딥페이크 음란물 제작을 처벌할 수 있는 길이 열린 것이다. 그런데 이 규정 역시 흠결이 존재한다. '반포 등을 할 목적'이 있는 경우에만 처벌이 가능하다는 것이다. 그냥 재미 삼아 타인의 얼굴을 합성해 음란물로 제작했더라도 '반포 목적'이 없었다면 처벌할 수 없다는 것이다.

최근 성폭력처벌법 제14조의2 제1항이 개정되기 전에는 '반포 등을 할 목적'이 있는 사람만 처벌할 수 있었다. 이럴 경우 반포 목적이 없었다고 주장하는 딥페이크 음란물 제작자를 처벌할 수 없다는 한계가 있었다. 이러한 비판이 제기되자 국회가 법을 개정해서 이제는 제3자에게 반포 목적이 있었는지와 관계없이 딥페이크 음란물 제작자를 처벌할 수 있게 된 것이다.

07
AI 개발 및 학습 관여자의 책임

앱 개발자가 딥페이크 음란물 제작을 방지하는 기술적 조치를 소홀히 했거나, 더 나아가 처음부터 음란물 제작이 용이하도록 알고리즘을 개발했다면 이들에게 법적 책임을 지울 수 있을까? 현행법상으로는 특별한 제재 수단이 없다. 앱마켓 사업자에 의한 자율적 규제가 유일한 대안이다. 앱 사용자들이 모니터링을 통해 앱마켓 사업자나 정부 당국자에게 적극적으로 신고할 경우 소비자 반응에 민감할 수밖에 없는 앱마켓 사업자의 적극적 대응을 이끌어 낼 수 있을 것이다.

앱 개발자의 책임

앞에서 여러 번 언급한 것처럼 AI 기술 발전으로 인해 딥페이크 제작을 누구나 쉽게 할 수 있게 되었다. 앱을 이용해 누구나 쉽게 딥페이크 영상물을 제작할 수 있다면, 마찬가지로 누구나 쉽게 딥페이크 음란물도 제작할 수 있다는 것이다. 따라서 AI 딥페이크 제작 앱을 개발하는 자는 자신이 만든 앱에서 음란물이 제작되는 것을 방지하는 기술을 탑재해 이러한 불법 행위를 방조하는 일이 없어야 한다. 성기와 같은 특정의 신체 부위 또는 성행위와 같은 특정의 동작에 대해서는 딥페이크 제작이 시도되지 못하도록 알고리즘을 설계하는 등 기술적 대책이 반드시 병행돼야 할 것이다.

앱 개발자가 이러한 기술적 조치를 소홀히 했거나, 더 나아가 처음부터 음란물 제작이 용이하도록 알고리즘을 개발했다면 이들에게 법적 책임을 지울 수 있을까? 다시 말해서 직접 딥페이크 음란물을 제작하지는 않았으나 AI 알고리즘의 개발과 학습을 통해 딥페이크 음란물을 쉽게 제작할 수 있는 생성형 AI를 개발·유통한 자들에 대한 법적 책임과 제재 수단은 없을까?

현행법상으로는 특별한 제재 수단이 없다. 영상물은 시청 연령을 제한하는 등급 규제를 통해 통제가 가능하지만 앱 자체는 등급 규제의 대상이 아니므로 딥페이크 음란물을 쉽게 제작할 수 있는 앱이라 하더라도 해당 앱에 대한 연령 제한 등 등급 규제가 불가능하다. 유럽연합을 비롯해 선진 각국에서는 AI와 관련한 규제법률을 제정 추진하고 있다. 알고리즘에 대한 투명한 공개와 설명 의무 등을 개발자에게 부여하는 것을 골자로 하고 있다. 만약 어떤 앱의 알고리즘이 음란물 제작에 대한 차단조치를 하지 않았거나, 음란물 제작이 용이하도록 설계되었다면 AI법의 규제를 받을 수 있다. 하지만 해당 앱의 알고리즘이 음란물 제작 차단 조치를 성실히 하지 않았거나 음란물 제작을 용이하게 한다는 사실을 파악하는 것이 현실적으로 가능할지는 의문이다.

앱마켓 사업자에 의한 자율적 규제도 가능하다. 어떤 앱이 딥페이크 음란물 제작을 방조 또는 조장할 경우 해당 앱마켓 사업자가 등재를 거부할 수 있을 것이다. 물론 이 역시 해당 앱의 알고리즘에 대한 파악이 현실적으로 가능할지는 미지수다.

앱 사용자의 책임

앱 사용자들의 적극적 모니터링이 가장 현실적이고 효과적인 수단이 될 수 있다. 어떤 앱이 딥페이크 음란물 제작을 방조 또는 조장하도록 알고리즘이 설계된 경우 이를 사용하는 이용자들이 이를 모니터링해서 앱마켓 사업자나 정부 당국자에게 적극적으로 신고하는 것이 보다 현실적 대안이라는 것이다. 앱마켓 사업자 역시 소비자의 반응에 가장 민감할 수밖에 없기 때문에 소비자의 적극적 신고가 있을 경우 이에 대한 대응 역시 적극적으로 할 가능성이 크다.

AI 학습을 위해 타인의 초상을 무단으로 사용했을 경우 이에 대한 법적 대응이 가능할까? 앞에서 설명한 것처럼 허락 없이 타인의 초상을 사용할 경우 초상권 침해로서 민사상 손해배상 등 민사 책임을 주장할 수는 있으나 형사처벌은 할 수 없다. 딥페이크 AI의 학습을 위해 SNS에 올라온 사진을 무단으로 사용한 경우, 그것만으로 타인의 구체적인 초상권이 침해됐다고 주장하기는 쉽지 않다. 실제로 자신의 초상을 무단으로 딥페이크 AI의 학습을 위해 사용했는지를 파악하는 것조차 힘들 수 있다.

SNS 사업자가 자신의 SNS를 이용하는 이용자의 사진을 동의 없이 딥페이크 AI 학습용으로 무단 사용했다면 문제가 될 수 있다. 초상도 개인정보에 해당하기 때문에 정보 주체의 동의 없이 개인정보를 무단으로 수집 · 활용하는 것은 불법이다. 하지만 대부분 사람들은 SNS 앱에 가입하면서 개인정보 활용 동의의 내용을 꼼꼼하게 들여다보지 않는다. 따라서 부지불식간에 개인정보 활용에 동의했고, 그 동의의 내용 중에 AI 학습에 사용하는 것이 포함되어 있다면 이 역시 제재가 어렵다. AI를 활용한 딥페이크 기술은 날로 발전해 가고 있으나, 이를 규제하는 것은 점점 더 어려워지는 것이 현실이다.

08
딥페이크 음란물에 대응하는 현행법과 한계

딥페이크 음란물 제작이나 배포 행위에 대해 형사처벌할 수 있는 현행법상의 규정으로는 형법상 음화제조죄, 음화반포죄, 성폭력처벌법상 디지털성범죄 정도가 있는데 이러한 법 규정들은 딥페이크 기술이 세상에 나오기 전에 제정됐기 때문에 딥페이크 음란물의 제작 또는 배포 행위에 대한 적용에 한계가 있다.

딥페이크 관련 판결

딥페이크 음란물 제작이나 배포 행위에 대해 형사처벌할 수 있는 현행법상의 규정으로는 형법상 음화제조죄, 음화반포죄, 성폭력처벌법상 디지털성범죄 정도가 있다는 것은 앞에서 살펴보았다. 그런데 이러한 법 규정들은 딥페이크 기술이 세상에 나오기 전에 제정됐기 때문에 딥페이크 음란물의 제작 또는 배포 행위에 대한 적용에 한계가 있다.

딥페이크 음란물과 관련한 최근의 대법원 판결(대법원 2023. 12. 14. 선고 2020도1669 판결)을 들여다보면 이러한 한계를 쉽게 이해할 수 있다. 어떤 사람(피고인)이 딥페이크 제작자인 A에게 자신의 지인인 여성(피해자)의 사진과 이름, 나이, 주소 등을 제공하고 나체사진과 합성해 줄 것을 17회에 걸쳐 요청했다. 이에 A는 피고인의 요청대로 피해자의 얼굴과 나체사진을 합성한 사진 파일을 만들어 피고인에게 파일을 17회에 걸쳐 전송했다. 이러한 범죄 사실에 따라 피고인은 음화제조교사죄로 기소되어 재판을 받았다.

형법 제243조

형법 제243조는 '음란한 문서, 도화, 필름 기타 물건을 반포, 판매 또는 임대하거나 공연히 전시 또는 상영한 자는 1년 이하의 징역 또는 500만원 이하의 벌금에 처한다'고 규정하고 있다. 따라서 대법원은 먼저 피고인이 제작 의뢰한 음란 합성사진 '파일'이 형법 제243조에서 규정하고 있는 '음란한 물건'에 해당하는지에 관해 판단했는데, 놀랍게도 "컴퓨터 프로그램 파일은 위 규정에서 규정하고 있는 문서, 도화, 필름 기타 물건에 해당한다고 할 수 없다"고 해석해 피고인의 음화제조교사죄는 성립하지 않는다고 판결했다. 물론 정보통신망법에 의한 명예훼손 등으로 피고인을 처벌하기는 했으나 음화제조교사죄는 성립하지 않으며, 그 이유가 음란물 '파일'은 음란한 '물건'으로 볼 수 없기 때문이라는 것이 대법원의 판단이었다.

당연히 형법 제243조는 컴퓨터가 상용화되기 전 인쇄매체물 등에 의한 음란물 제작을 염두에 두고 만들어진 규정이다. 따라서 눈에 보이는 '물건'을 대상으로 규정했던 것은 사실이다. 하지만 음란한 사진 또는 영상이 수록된 프로그램을 '음란한 물건'으로 볼 수 없다는 대법원의 엄격한 태도가 일반인들의 생각과는 괴리가 있어 보인다.

법학자로서 대법원의 이러한 태도를 전혀 이해할 수

없는 것은 아니다. 인권을 지탱하는 헌법상 기본 이념인 죄형법정주의는 형법 규정을 가능한 엄격하게 해석해야 한다는 원칙이다. 범죄와 형법은 법률로서 정해야 하며, 법률에서 정하고 있는 사항이 명확하지 아니함에도 불구하고 해석을 통해서 형벌을 부과해서는 안 된다는 것이다. 따라서 형법 조항이 만들어질 당시에는 분명히 프로그램 파일을 상상하지 못했을 것인데, 지금 해석을 통해 프로그램 파일도 '음란한 물건'으로 해석하는 것은 죄형법정주의에 반한다고 판단한 대법원을 무조건 비난하기는 어렵다.

성폭력처벌법

그래서 '성폭력범죄의 처벌 등에 관한 특례법(약칭 성폭력처벌법)'이 제정됐다. 성폭력처벌법상 디지털 성범죄 조항으로는 제13조 통신매체를 이용한 음란행위, 제14조 카메라 등을 이용한 촬영 등이 있다.

제13조 통신매체를 이용한 음란행위란 '자기 또는 다른 사람의 성적 욕망을 유발하거나 만족시킬 목적으로 전화, 우편, 컴퓨터, 그 밖의 통신매체를 통하여 성적 수치심이나 혐오감을 일으키는 말, 음향, 글, 그림, 영상 또는 물건을 상대방에게 도달하게 한 것'을 말하며 이러한

사람은 2년 이하의 징역 또는 2천만원 이하의 벌금에 처한다.

제14조 제1항은 '카메라나 그 밖에 이와 유사한 기능을 갖춘 기계장치를 이용하여 성적 욕망 또는 수치심을 유발할 수 있는 사람의 신체를 촬영대상자의 의사에 반하여 촬영한 행위'에 대하여 7년 이하의 징역 또는 5천만원 이하의 벌금에 처할 수 있도록 규정하고 있다. 또한 제2항은 이러한 촬영물 또는 복제물을 반포 · 판매 · 임대 · 제공 또는 공공연하게 전시 · 상영한 자도 7년 이하의 징역 또는 5천만원 이하의 벌금에 처하도록 규정하고 있다.

촬영 당시에는 촬영 대상자의 동의하에 촬영했다 하더라도 사후에 그 촬영물 또는 복제물을 촬영 대상자의 의사에 반하여 반포 · 판매 · 임대 · 제공 또는 공공연하게 전시 · 상영한 자도 처벌할 수 있다. 영리 목적으로 촬영 대상자의 의사에 반해 정보통신망(인터넷 등)을 이용하여 이러한 불법적 행위를 범한 자는 3년 이상의 유기징역에 처하도록 매우 강한 형벌을 규정하고 있다. 인터넷 등 정보통신망을 이용해서 불법 촬영물이 유통될 경우 걷잡을 수 없이 피해가 확산될 수 있기에 이처럼 강력한 처벌 규정을 둔 것으로 보인다.

아울러 이러한 불법 촬영물 또는 복제물을 소지 · 구입 · 저장 또는 시청만 해도 3년 이하의 징역 또는 3천만 원 이하의 벌금에 처할 수 있도록 규정하고 있다. 미국에서는 아동 포르노의 경우 단지 이를 소지한 것만으로 처벌을 하고 있다. 하지만 타인의 '신체'에는 얼굴은 물론 팔, 다리 등 몸 전체가 모두 해당해 그 범위가 매우 넓은데 이러한 촬영물을 소지한 것만으로도 처벌이 가능한 것은 지나친 감이 있다. 물론 n번방 사건이나 몰카 등 불법 촬영물로 고통받는 피해자를 생각하면 이러한 불법 촬영물의 유통을 근원적으로 차단하려는 입법 취지에 충분히 공감한다. 하지만 지금처럼 복잡한 네트워크 환경에서는 자신도 모르는 사이에 타인의 신체 일부분이 촬영된 사진이나 영상물이 다운로드 또는 저장될 수도 있는데 이러한 것을 원칙적으로 모두 처벌한다는 것이 죄형법정주의의 이념에 합치되는 것인지 의문이다.

어찌 됐든 성폭력처벌법의 제정으로 종래 형법이 안고 있던 한계는 어느 정도 해결됐다. 그런데 성폭력처벌법이 제정될 때만 하더라도 딥페이크 범죄가 크게 문제되지 않았으나, 점차 딥페이크 음란물이 확산되고 피해자가 연예인 등 유명인에만 국한되지 않고 일반인들까지 피해에 노출되기 시작하자 정부와 국회는 성폭력처벌법 제14조의2를 신설해 '허위영상물'에 대한 처벌 규정을 마련했다.

성폭력처벌법 제14조의2

성폭력처벌법 제14조의2는 '사람의 얼굴 · 신체 또는 음성을 대상으로 한 촬영물 · 영상물 또는 음성물을 대상자의 의사에 반해 성적 욕망 또는 수치심을 유발할 수 있는 형태로 편집 · 합성 또는 가공한 자는 7년 이하의 징역 또는 5천만원 이하의 벌금에 처한다'고 규정해, 비록 '촬영 행위'가 없더라도 편집 · 합성 또는 가공을 했다면 처벌이 가능하도록 했다. 딥페이크 음란물에 대한 처벌 근거를 명확히 했다는 점에서 매우 의미가 크다.

비록 자신의 컴퓨터에 저장해서 자신만 향유할 목적이었을지라도 다른 사람들이 고의로 또는 우연히 이러한 영상물을 볼 수도 있고, 해킹 등으로 다른 사람이 탈취할 가능성은 얼마든지 있다. 만약 이러한 일이 발생하면 피해자가 겪어야 할 고통은 누가 책임질 것인가? 물론 은밀하게 자신만의 향유를 위해 딥페이크를 제작한다면 이를 발각하는 것이 쉽지 않다. 발각할 수 없으니 처벌도 어려울 것이다. 그러나 이러한 것들이 유출된 경우에는 제작자에게 강력한 책임을 물어야 한다. 따라서 딥페이크 음란물 제작자를 처벌할 때에는 '반포 목적'과 같은 목적 여부를 처벌의 요건으로 할 것이 아니라 이러한 딥페이크 음란물을 제작해 고의든 과실이든 관계없이 유출한 자를 처벌하는 것이 타당하다. 이번에 법을 개정해 '반포 목적' 여부에 관계없이 딥페이크 음란물 제작자를 처벌하도록 규정한 것은 매우 의미가 큰 입법적 개선이다. 비록 반포의 목적은 없었으나 실수로라도 자신이 제작한 딥페이크 음란물이 유출된 경우에는 처벌할 수 있도록 해야 딥페이크 음란물 제작의 위험성에 대한 경각심을 가질 수 있을 것이다.

최근 영국은 성적으로 노골적인 딥페이크 이미지를 제작만 해도 처벌할 수 있도록 온라인 안전법(Online Safety Act)의 개정을 추진하고 있다. 제작자가 이를 공유할 의도가 없어도 처벌할 수 있도록 하겠다는 것이다. 영국의 유명 패션잡지 '글래머 UK'가 실시한 여론조사에 따르면 여성 91%가 딥페이크 음란물의 대상이 될 수 있다는 불안감을 느끼는 것으로 응답했다. 실제로 영국 채널4 방송은 방문자가 가장 많은 딥페이크 음란물 웹사이트 5곳을 분석한 결과 배우와 TV 스타, 가수, 유튜버 등 유명 인사 약 4000명의 얼굴이 음란물에 합성된 것으로 나타났고, 3개월간 이들 5개 웹사이트의 조회수는 1억

회에 달했다고 보도했다. 이러한 여론은 딥페이크 음란물 제작자에 대한 처벌을 강화하도록 영국 정부를 압박했고, 결국 영국 정부는 법 개정을 추진하게 된 것이다.

이번에 성폭력처벌법 제14조의2를 개정하면서 제3항을 신설했는데, 그 내용은 딥페이크 음란물을 소지 · 구입 · 저장 · 시청만 하더라도 3년 이하의 징역 또는 3천만원 이하의 벌금에 처할 수 있도록 하는 것이다. 이에 따라 사람의 신체를 불법으로 촬영한 촬영물과 마찬가지로 딥페이크로 만들어진 음란물을 단순 소지 · 구입 · 저장 · 시청만 해도 처벌될 수 있다. 불법 촬영물과 딥페이크 음란물의 폐해를 철저히 차단하기 위한 강력한 조치다.

또한 이번에 제14조의3도 개정되었는데, 그 내용은 신체를 불법으로 촬영한 촬영물이나 딥페이크 음란물을 이용해 다른 사람을 협박한 자는 1년 이상의 유기징역에 처하도록 하는 것이다.

09
딥페이크 워터마크와 신속 차단

딥페이크 콘텐츠에 이용자가 쉽게 알아보도록 '(ai)', 'deepfake' 등과 같은 워터마크를 자동으로 표시하도록 하는 딥페이크 워터마크 제도의 도입이 추진되고 있다. 수많은 딥페이크 음란물을 행정기관이 모두 모니터링하고 일일이 차단하는 것은 어려운 일이다. 이에 대한 신속하고 효율적인 대응 방법으로 SNS나 플랫폼 사업자인 인터넷 서비스 제공자가 이용자의 피해 신고 접수 및 자체 심사 기능을 통해 가짜 정보를 일시 차단하는 신속 차단 방식이 도입돼야 한다.

워터마크(콘텐츠 유형의 표시 설정)

최근 우리는 정보의 홍수 속에서 진실된 정보와 거짓 정보를 구분하는 데 어려움을 겪는다. 예를 들면 실제로 존재하지 않는 사실을 마치 진짜인 것처럼 꾸며내거나, 인공지능이 인간의 창작물과 거의 흡사한 결과물을 만들어 내기도 한다. 새로운 기술의 등장으로 기존 정보와 인공지능이 생성한 정보가 혼재하는 상황이 만들어지고 있다.

이를 두고 일각에서는 단순히 '탈진실(post truth)'의 시대를 넘어서, 실제와 가상이 구분 불가능한 '진실의 종말(end of truth)'로 이어지는 상황이 도래했다는 우려도 있다. 이러한 문제에 대응하기 위해 AI 콘텐츠 표시(워터마크)에 대한 논의가 있다. 구별이 용이하지 않은 정보에 대해 '콘텐츠 유형에 대한 표시', 즉 워터마크를 표시해 주는 것이다. 예를 들어 AI 생성 콘텐츠에 대해 이용자가 쉽게 알아보도록 하는 '(ai)', 'ai-generated', 'deepfake' 등과 같은 워터마크를 자동으로 표시하도록 하는 것이다. 이 같은 워터마크가 표시된 정보라면 이용자는 해당 정보에 대해 맹목적으로 믿기보다는 진실한 정보인지 꼼꼼히 확인하려는 시도를 할 것이다. 그리고 인공지능이 창작해 낸 정보를 특별히 구별하는 표시를

함으로써 해당 정보가 인간이 창작해 낸 정보와 혼재되는 상황을 방지할 수 있다.

이러한 문제에 대해 유럽연합은 발 빠르게 대응하고 있다. '온라인 디스인포메이션 방지를 위한 실천 규약(Code of Practice on Online Disinformation)'을 발표해, 딥페이크 및 기타 AI 생성 콘텐츠에 워터마크를 붙일 것을 요구하고 있다. 주요 IT 기업들 역시 AI 콘텐츠 라벨에 관한 논의는 지속적으로 해 오고 있으며, 전문가들 역시 정보를 쉽게 구별해 낼 수 있는 방식을 모색하고 있다. 이러한 노력은 악의적으로 대중을 선동하려는 목적을 가진 자들의 인공지능 기술의 악용을 제한하는 데 일조할 수 있다.

물론 AI 식별 표시 방법이 가짜 뉴스나 정보의 혼재 상황을 해결하기에 충분하지 않다는 의견도 있다. 이러한 표시가 삭제되고 또 다른 플랫폼으로 옮겨지는 과정에서 쉽게 제거될 수 있기 때문이다. 이미지 편집 툴을 사용할 수 있다면 정보에 삽입된 워터마크를 제거하는 일도 충분히 가능하다. 그러나 이미 개발된 저작물의 복제와 유포를 방지하기 위한 식별 기술을 다양하게 활용해야 한다. 예를 들어 콘텐츠 속에 인간의 눈에 보이지 않는 특수한 색, 매우 작은 크기의 부호나 코드, 인간의 귀에는 들리지 않는 고주파의 소리를 삽입하는 방법이다. 이러한 워터마크들은 스마트폰의 카메라나 앱을 통해 확인이 가능하도록 해 해당 정보가 AI 기술로 생성된 정보인지 간단히 확인할 수 있을 것으로 보인다.

우리나라 정부와 국회도 딥페이크 워터마크 제도를 도입하려는 법 제정을 추진하고 있다. 이러한 제도가 마련될 경우 AI로 만든 가짜 정보와 실제 사실을 효율적으로 구분할 수 있으며, 딥페이크를 이용한 범죄를 사전에 예방할 수 있다는 장점이 있는 반면, 가상 정보에 대한 표시를 기술적으로 회피 · 조작하거나 실제 사실을 가상 정보로 거짓 표시할 경우 사회적 혼란을 야기할 수도 있다는 우려의 목소리도 있다.

특히 일반적인 딥페이크 생성물에 비해 딥페이크 음란물은 은밀하게 제작 또는 유통되는 경우가 대부분이기 때문에 워터마크를 붙이지 않거나 워터마크를 제거 · 변조할 가능성이 크다. 다시 말해서 딥페이크 음란물을 방지하는 대책으로 워터마크 제도가 크게 실효적이지 않을 것이라는 회의적 시각이 많다. 그러나 이는 기술적인 문제라고 생각한다. 워터마크 기술이 발전하면 딥페이크 제작 시 워터마크를 결코 회피할 수 없도록 할 수 있을 것이다. 당연히 워터마크를 제거하거나 변조하는 것도 차단할 수 있을 것이다. 이는 마치 보안 기술과 해킹의 관계처럼 계속해서 기술적 진보와 대응이 필요한 영역이다. 비록 지속적인 기술 대응이 필요하기는 하지만 그렇다고 이 제도가 전혀 실효성이 없다고 볼 수는 없다. 그나마 딥페이크 음란물을 비롯한 딥페이크 생성물이 무분별하게 제작되는 것을 막을 수 있는 현실적 대안 중 하나로 보인다.

실제로 네이버, 카카오, SK커뮤니케이션즈 등 국내 토종 포털들이 회원사로 가입해 있는 한국인터넷자율정책기구(KISO)는 '딥페이크에 의해 생성된 허위조작정보'에 대응하기 위한 자율적 예방 활동을 강화하고 있다.

네이버는 신고센터 메인 페이지에 딥페이크 생성물 신고 영역을 신설해 이용자들이 최대한 거르고 대처할 수 있는 체계를 마련했다. 또한 블로그, 카페 등에서 동영상을 게시하거나 딥페이크 관련 검색어 입력시 딥페이크 활용에 관한 주의 및 안내 문구를 제공해 이용자를 보호하고 있다. 이 밖에도 뉴스 서비스에서는 AI 로봇이 생성한 기사를 이용자가 인지하도록 기사 본문에 해당 사실의 표기를 강조하고 있다.

카카오는 이용자들이 스스로 쉽게 AI 저작물을 파악하는 데 도움이 되는 방향으로 정책과 기술적 조치 방안을 마련했다. 카카오는 언론사에서 AI를 이용해 생성한 기사 상단에 "AI가 생성한 기사입니다"라고 노출해 이용자가 쉽게 인지할 수 있도록 했다. 생성형 AI 이미지 생성 모델 '칼로'에는 비가시성 워터마크를 부착하는 기술을 도입했다. 또한 키워드 검색, 배너 등을 활용한 캠페인을 통해 이용자의 주의를 환기하고, 딥페이크 신고 요령 등을 자세히 안내하고 있다.

아울러 KISO는 네이버, 카카오, SK커뮤니케이션즈 등 포털 3사와 함께 구축한 '청소년 보호 검색어 데이터베이스(DB)'에 딥페이크 관련 유해 검색어들을 새롭게 추가하는 등 청소년 이용자 보호에도 적극 나서고 있다.

하지만 여전히 안타까운 것은 딥페이크 음란물의 제작과 유통이 우리나라 기업보다는 우리 정부가 직접 규제할 수 없는 글로벌 기업이 제공하는 서비스를 통해 주로 이루어지고 있다는 점이다. 우리나라 기업들의 이러한 노력에도 불구하고 딥페이크 음란물의 피해를 막는 데는 한계가 있다.

신속 차단

2022년 2월, 윤석열 대통령 후보자가 TV조선에서 했던 제20대 대선후보 방송 연설을 어떤 사람이 짜깁기해서

2023년 11월, 틱톡이라는 SNS에 '가상으로 꾸며본 윤석열 대통령의 양심고백 영상'이라는 제목의 영상을 올렸다. 윤 대통령 후보자가 "저 윤석열의 사전에 민생은 있어도 정치 보복은 없습니다"라고 말한 원본 영상을 "저 윤석열의 사전에 정치 보복은 있어도 민생은 없습니다"라고 짜깁기한 것이다. 이에 2024년 2월, 방송통신심의위원회는 심의 결정을 거쳐 SNS 사업자에게 이 영상을 차단하라는 시정 요구를 했다.

이를 두고 일부에서는 이러한 짜깁기 영상이 딥페이크에 해당하는 것인지 문제를 제기했다. 이에 대해 전문가들의 의견도 나뉘었다. 어떤 이는 "딥페이크의 '딥'은 딥러닝에서 나온 것이라서 인공지능을 이용해야만 딥페이크 영상이라고 볼 수 있고, 페이크는 없는 것을 있는 것으로 만들어야 하는 것이므로 과거 한 언론사에서 나온 영상을 단순히 짜깁기한 것은 딥페이크라고 볼 수 없다"고 했다. 하지만 또 어떤 이는 "딥페이크는 이전에 인간이 불가능했던 기술이 아니라 인간이 할 수 있는 것을 훨씬 쉽게 만들어 주는 것으로서, 바뀐 문장 어순이 매우 자연스럽다는 점에서 이는 딥페이크에 해당할 가능성이 크다"고 했다.

아무튼 우리가 주목해야 할 점은 이것이 딥페이크에

해당하는지나 방심위의 심의 결정이 적절했는지가 아니라 이러한 영상이 게재된 이후 차단될 때까지 수개월의 시간이 걸렸다는 사실이다.

현행 '정보통신에 관한 심의규정'에 따르면, 정보통신 서비스 제공자 및 게시판 관리 · 운영자가 어떤 콘텐츠가 불법 정보에 해당하는지 심의를 요청하거나, 이용자가 불법 정보를 신고한 경우에 방심위는 심의를 개시하도록 규정하고 있다. 방심위가 매일 열리는 것은 아니므로 당연히 심의에는 시간이 걸릴 수밖에 없다. 물론 '공공의 안전 또는 복리를 위하여 긴급한 경우'에는 신속 심의를 할 수 있도록 규정은 하고 있으나 이 역시 회의 운영상 시간이 소요될 수밖에 없다. 방심위가 심의한 결과 해당 콘텐츠를 불법 정보라고 판단한 경우에는 정보통신 서비스 제공자, 게시판 운영자 또는 SNS 사업자에게 해당 정보의 삭제 또는 접속 차단을 요구할 수 있다. 이러한 프로세스를 거쳐야 한다는 것은 그만큼 시간이 소요될 수밖에 없다는 뜻이다. 대통령에 대한 가짜 정보도 이를 차단하기까지 수개월의 시간이 걸렸는데 일반인이 피해를 신고해서 구제를 받는 것이 그리 간단한 문제는 아닐 것이다. 인터넷의 속성상 일단 네트워크에 올라온 정보는 삽시간에 광범위하게 유포될 수 있는데 이에 대한 대응은 느릴 수밖에 없는 것이 현실이다.

당연히 허위 영상의 피해자는 게시물의 제작, 유포 단계부터 신고, 차단 필요성에 대한 심사, 차단 조치까지 상당한 시간 동안 고통을 받게 된다. 즉, 악의적인 기술 이용으로 피해받은 피해자를 적극적이고 신속하게 구제하고, 피해를 최소화할 수 있는 방안에 대한 고민이 필요한 것이다.

시시각각 제작되고 게시되는 수많은 콘텐츠를 행정기관이 모두 모니터링하고 일일이 차단하는 것은 어려운 일이다. 이에 대한 신속하고 효율적인 대응 방법으로 SNS나 플랫폼 사업자인 인터넷 서비스 제공자가 이용자의 피해 신고 접수 및 자체 심사 기능을 통해 가짜 정보를 일시 차단하는 방식을 생각해 볼 수 있다. 다수의 이용자가 특정 콘텐츠의 신뢰성이 의심된다는 신고를 한다면 자율적으로 해당 정보를 인터넷 서비스 제공자가 일시적으로 임시 차단하는 것이다. 이용자들의 의심 의견 및 신고가 집중된 콘텐츠에 대해 AI의 도움을 받아 신뢰성 검사를 자동적으로 판단하도록 하는 것도 생각해 볼 수 있다. 허위 불법 정보를 인터넷 서비스 제공자가 일시 차단할 경우 급속한 유포나 게시로부터 피해자를 구제할 수 있을 것이다. 이러한 방식은 정부 기관의 심의나 수사 등과 같은 절차를 필요로 하는 공식적 구제 시스템에 비해 피해 구제가 신속하게 이루어질 수 있다는 장점이 있다. 정부 차원에서 인터넷 서비스 제공자와 협력해 음란물 등 딥페이크 불법 콘텐츠를 식별하고 차단하는 데 필요한 AI 솔루션 기술을 개발 · 보급하는 것도 필요할 것이다. 인터넷 서비스 제공자 스스로 딥페이크 음란물에 적극적으로 대처하고 피해자 구제를 위해 노력할 경우 보조금 지급, 인증마크 부여 등 정부 차원의 인센티브를 주는 것도 생각해 볼 수 있다.

그런데 이러한 자율적 임시 차단은 피해자의 신속한 구제에 긍정적으로 작용할 수 있다는 장점이 있는 반면, 자칫 SNS나 플랫폼 이용자의 표현의 자유를 지나치게 위축시킬 우려도 상존한다. 동전의 양면처럼 불법 정보의 적극적 차단과 표현의 자유는 서로 충돌하는 경우가 잦다. 불법 정보를 차단하기 위해서는 해당 정보의 불법성 여부를 먼저 판단해야 하는데, 이러한 판단을 하는 주체의 전문성과 공신력이 담보되지 않으면 판단의 왜곡 현상과 이로 인한 표현의 자유 침해 문제가 발생할 수 있다. 앞에서 소개한 '음란'의 판단 기준에 대해 미국이나 우리나라 법원이 매우 심각한 논의를 했던 이유도 표현의 자유라는 본질적 기본권이 침해되어서는 안 된다는 이념을 지키기 위한 것이었다.

앞에서 소개한 윤석열 대통령 후보자의 연설을 짜깁기한 것에 대해서도 윤석열 대통령 후보자를 지지하는 쪽에서는 딥페이크 불법 정보로서 당장 삭제·차단해야 한다고 주장했지만, 반대편에서는 이는 정치적 풍자로서 합법적인 패러디에 해당한다고 주장하면서 방심위의 차단 조치를 비판했다.

그래서 우리나라 플랫폼인 네이버, 카카오 등이 만든 자율 기구 KISO에서는 외부 전문가들로 하여금 정보의 불법성 여부를 판단하도록 하고 있다. 피해 구제의 신속성과 표현의 자유라는 가치를 모두 충족하는 최적의 접점을 찾기 위한 노력이다. 이러한 자율 기구들을 통한 자율적 모니터링을 강화하는 것이 그나마 현실성 있는 대안으로 생각된다.

10
디지털 리터러시

아무리 제도를 정비해도 기술의 진보를 따라갈 수 없다. 딥페이크 음란물은 물론 인터넷의 역기능을 해소하는 근본적인 해결 수단은 결국 이용자의 교육이다. 어린 청소년들은 여전히 딥페이크를 '놀이'와 '게임' 정도로 안일하게 생각하는 경향이 있다. 교육의 필요성이 강조되는 이유다. 디지털을 올바르게 사용할 수 있도록 사용 행동을 도와주는 '퍼실리테이터(facilitator)' 교육이 절실히 필요하다.

아무리 제도를 정비해도 기술의 진보를 따라갈 수 없다. 특히 음성적으로 이루어지는 불법을 형사적 · 행정적 제재나 공식적 구제 절차만으로 결코 막을 수 없다. 딥페이크 음란물을 삭제 · 차단해도 이미 유통된 콘텐츠를 모두 수거 · 파기할 수도 없고, 아무리 삭제 · 차단해도 새로 제작 · 유통되는 정보가 비교할 수 없을 정도로 더 많은 현실을 극복할 수도 없다.

딥페이크 음란물은 물론 인터넷의 역기능을 해소하는 근본적인 해결 수단은 결국 이용자의 교육이다. 물론 금방 효과가 나타나는 것도 아니고 많은 시간과 노력이 소요되는 수단이라서 당장에 성과를 내야 하는 정부나 기업이 정책으로 채택하는 것이 쉽지는 않다. 전문가들 중에도 교육의 효과를 의심하는 사람도 많다. 하지만 현실사회, 즉 오프라인에서도 질서가 유지되는 것은 강력한 처벌이나 제도 때문이라기보다는 구성원에 대한 지속적 교육과 이를 통해 발현되는 성숙한 시민의식의 결과라고 생각한다. 마찬가지로 인터넷, 즉 사이버 공간의 질서 역시 이를 이용하는 이용자들의 성숙한 시민의식만이 근본적인 문제를 해결할 수 있을 것으로 보인다. 인터넷 이용자의 시민의식은 '교육'을 통해 성숙해진다. 이러한 인터넷 이용자의 교육을 인터넷 리터러시(internet literacy) 또는 디지털 리터러시라고 한다.

'리터러시(literacy)'를 우리말로 번역하면 '글을 읽고 쓸 줄 아는 능력', 즉 문해력을 말한다. 컴퓨터, 인터넷 또는 디지털 정보를 탐색, 관리, 이해, 통합, 소통, 평가, 창조하는 능력을 컴퓨터 리터러시, 인터넷 리터러시, 디지털 리터러시라고 한다. 물론 컴퓨터 리터러시, 인터넷 리터러시, 디지털 리터러시가 모두 동일한 개념은 아니다. 하지만 이러한 개념적 차이는 어떠한 도구에 포커스를 두느냐에 따른 도구적 개념 차이일 뿐 본질적으로는 거의 유사한 개념으로 이해해도 무방하다. 지금의 디지털 환경은 컴퓨터와 인터넷에 의해 생성되는 환경이므로 이들을 각각 구분해서 개념적으로 이해할 필요는 없어 보인다. 지금부터 논의의 편의를 위해 디지털 리터러시로 통칭해 표현한다.

매스 미디어의 등장으로 사람들은 정보의 소통 방식이 종래 종이 문서로 소통되던 시대와는 전혀 다른, 지금껏 경험하지 못한 새로운 환경에 노출됐다. 이처럼 새로운 매체가 등장할 때마다 사람들은 새로운 매체에 적응해야 했고, 과거 소통 방식과 비교해 새로운 현상의 특성을 찾아내야만 했다. 그래야 새로운 매체를 통한 소통이 가능할 수 있고 그 구성원으로 참여할 수 있기 때문이다. 당연히 이러한 새로운 환경에 적응하지 못해 소통에서 제외되면 사회로부터 소외된다. 따라서 새로운 소통 방식에 대한 교육이 필요했다. 단지 새로운 소통 방식을 이해하는 수준을 넘어 건전하고 생산적으로 소통하는 방법을 교육해야 할 필요성이 점점 커졌다.

일반적으로 디지털 리터러시의 요소들로는 정보의 탐색, 분석, 평가, 활용, 관리, 소통, 추상화, 생산 및 프로그래밍 등이 있다. 그러나 이러한 요소들은 기능적 측면을 강조한 것으로서 디지털 리터러시의 핵심적 요소는 아니다. 오히려 데이터의 처리, 정보의 검색과 분석이라는 기능적 교육보다는 정보에 대한 비판적 사고, 효율적 의사 소통을 위한 태도, 디지털 안전, 건전한 시민 의식 등이 더욱 본질적인 디지털 리터러시의 요소다. 다시 말해서 정보를 검색하고 활용하는 능력을 교육하는 것은 가장 기초적 수준의 디지털 리터러시에 해당하고, 정보에 대한 옳고 그름의 판단, 비판적 사고에 기반한 정보에 대한 검증 능력, 타인과의 의사 소통 과정에서 반드시 견지해야 할 건전한 매너와 태도 등이 더욱 핵심적인 디지털 리터러시 요소다.

디지털 리터러시 교육

디지털 플랫폼에는 수많은 개인정보가 집중될 수밖에 없는데, 플랫폼이나 앱의 기능만을 교육하고 개인정보의 중요성과 침해 예방을 위한 교육은 소홀히 한다면 정보 주체인 개인은 해킹이나 불법적인 개인정보 취급으로 인해 커다란 피해를 입을 수도 있다. SNS에 무심코 올린 사진이 범죄 피해로 이어질 수 있고, 음란물 제작에 이용될 수도 있다는 사실을 이용자가 인식할 수 있도록 교육하는 것이 매우 중요하다. 이용자의 연령이 낮을수록 이러한 리터러시 교육의 필요성은 더욱 커진다. 이러한 리터러시는 피해자 관점에서만 중요한 것이 아니다. 청소년들은 SNS에서 커다란 고민 없이 무심코 한 행동이 타인의 인격을 침해하는 범죄가 될 수 있다는 사실을 모를 수도 있다. 청소년이나 미성년자들이 이러한 디지털 리터러시의 사각지대에 놓여 피해자도 되고 가해자도 될 수 있다는 사실을 잊지 않아야 한다. 사이버 불링과 같은 새로운 폭력에 대해 이를 예방하고 피해가 발생할 때 이에 대처할 수 있는 디지털 리터러시 교육은 학교를 중심으로 확산돼야 한다.

호기심 수준에서 장난스럽게 딥페이크 음란물을 제작하고 유통했다 할지라도 피해자가 부담해야 할 고통의

무게가 얼마나 큰 것이며 회복하기 어려운 것인지에 대한 실증적 교육이 강화돼야 한다. 다소 시간이 걸리고 그 효과가 즉시 나타나지 않을 수 있으나 딥페이크 음란물에 대한 근원적 대책은 디지털 리터러시의 강화라고 생각한다. 아무리 형사처벌을 강화해도 이를 회피할 수 있는 방법은 존재하며, 특히 국경이 없는 인터넷 환경에서는 더욱 그 회피 방법이 다양하다. 글로벌 인터넷 서비스 제공자에 대한 우리 정부나 사법당국의 집행력도 한계가 있어서 형사처벌 등 제도적 정치만으로 딥페이크 음란물의 피해를 막을 수 없다.

지금 아이들 사이에서 딥페이크 성범죄가 심상치 않다. 중고등학생은 물론 초등학생까지 같은 학교 여학생, 선생님의 사진과 영상을 나체 사진과 합성한 음란물을 재미 삼아 제작하고 돌려 본다고 한다. 초등학생까지 딥페이크 음란물에 노출되는 이유는 텔레그램과 같은 글로벌 SNS 공간에서 동급생이나 선생님의 사진을 쉽게 내려받을 수 있고 간단한 명령어 몇 개만 누르면 단 몇 초 만에 음란물이 제작되는 앱이 넘쳐 나기 때문이다. 사실 딥페이크 성범죄가 갑자기 등장한 건 아니다. 10여 년 전부터 '아헤가오'라고 유명 연예인의 얼굴 사진을 합성해 만드는 놀이 문화가 청소년들 사이에 퍼졌다. 아헤

가오는 성관계 시 여성의 표정을 비하한 합성어다. 하지만 이때까지만 해도 편집 기술이 저급해서 생성물의 수준이 조악했다. 그러던 중 사진 편집을 쉽게 해 주는 앱이 쏟아져 나오면서 일부 청소년들 사이에 '지인 능욕'이라는 놀이(?)가 유행했다. 그런데 이제는 편집을 쉽게 해 주는 정도가 아니라 전문가 수준의 품질까지 가능해진 딥페이크 기술이 보급됨에 따라 지인 얼굴을 합성한 음란물의 제작과 유통이 또래들 사이의 일탈 수준을 넘어 범죄로까지 확대될 수 있다. 다시 말해서 비록 초등학생이라도 이러한 딥페이크 음란물을 제작할 경우 중대한 성범죄자가 될 수 있고, 그 상대방 동급생이나 선생님도 회복할 수 없는 피해자가 될 수 있다는 사실이 끔찍하다는 것이다.

그럼에도 어린 청소년들은 여전히 딥페이크를 '놀이'와 '게임' 정도로 안일하게 생각하는 경향이 있다. 교육의 필요성이 강조되는 이유다. 아이들에게 '디지털의 양면성'을 이해하도록 해야 한다. 딥페이크가 무조건 나쁘다는 방식의 교육은 자칫 아이에게 디지털 혐오를 유발할 수 있으므로, 디지털은 어떻게 사용하느냐에 따라 그 효과가 다를 수 있다는 점을 가르쳐야 한다. 다시 말해서 디지털을 올바르게 사용할 수 있도록 사용 행동을 도와주는 '퍼실리테이터(facilitator)' 교육이 절실히 필요하다.

김민호

1998년부터 성균관대학교 법학전문대학원 교수로 재직 중이다. 성균관대학교에서 학사, 석사, 박사학위를 받고, 미국 보스턴대학교(Boston University) 로스쿨에서 박사후연구과정(Post Doc.)을 수료했다. 개인정보보호법학회 회장, 국가인권위원회 인권위원, 대통령소속 규제개혁위원회 위원, 중앙행정심판위원회 위원 등을 역임했다. 지금은 공공데이터분쟁조정위원회 위원장, 국가기준데이터위원회 위원장, 한국인터넷자율정책기구(KISO) 이사회 의장으로 활동하고 있다. 주요 저서로 『행정법』(2023), 『별난 법학자의 그림이야기』(2010)가 있다. 방송, 통신, 인터넷 관련 100편 이상의 논문을 학술지에 게재했다.